ELOGIOS para
La gente compra por usted

"*La gente compra por usted,* no es una verdad obvia, sino que es tu oportunidad para descubrir por qué y cómo. Jeb Blount ha escrito un conjunto de principios y acciones fáciles de entender y aplicar que pueden ayudarte a ganar más desde el momento que los lees.

—Jeffrey Gitomer, autor de *Little Red Book of Selling (El librito rojo de las ventas)*

"Jeb Blount ha escrito un libro práctico y poderoso el cual ayudará a cualquier profesional de ventas a vender más que antes".

—Brian Tracy, autor de *The Psychology of Selling (La psicología de las ventas)*

"Jeb Blount da en el blanco con *La gente compra por usted*. Cuando te conviertes en un diferenciador competitivo, eres imparable".

—Jill Konrath, autora del éxito de librería *SNAP Selling to Big Companies (Ventas SNAP para grandes compañías)*

"Ser un líder de negocios o un campeón de ventas es mucho más que tener la capacidad de memorizar un guion de ventas o de seguir un sistema muy estricto. El verdadero secreto para el éxito sin precedentes comienza con adoptar esta ley universal predominante: siempre será más importante lo que eres que lo que haces. En *La gente compra por usted*, Jeb Blount ha condensado con eficacia este nivel de pensamiento trascendental. Presenta estrategias prácticas para lograr más ventas y obtener más de lo que es de mayor importancia en tu vida y en tu carrera, aprovechando tu mejor y autentica ventaja competitiva: ¡TÚ!".

—Keith Rosen, entrenadora de ejecutivos de ventas y autora de *Coaching Salespeople into Sales Champions (Entrenando personal de ventas para ser campeones de ventas)*

"*La gente compra por usted* es innovador, porque va contra la corriente de todos los demás libros de ventas que se están escribiendo en la actualidad y que ignoran el sentido común: las personas son lo más importante".

—Bob Beaudine, autor del éxito de librería *The Power of WHO (El poder de QUIÉN)*

"*La gente compra por usted* debería ser una lectura obligada para cualquier profesional que desee vender más, hacerlo más rápido y construir una poderosa marca que genere conversaciones y referidos. Jeb Blount rompe todos los mitos de ventas, mientras explora la manera correcta de desarrollar relaciones, influenciar y persuadir en la nueva economía".

—Dan Schawbel, autor del exitoso libro *Me 2.0: Build a Powerful Brand to Achieve Career Success (Yo 2.0: Cree una poderosa marca para alcanzar el éxito profesional)*

"Cuanto más sepas cómo hacer que las personas te compren, más fácil y placentero será tu viaje por esta vida. Quisiera que alguien me hubiese dado este libro cuando comencé mi carrera en ventas. De hecho, creo que todo el mundo debería tener este libro, sin importar dónde se encuentren en la vida. *La gente compra por usted* es infalible".

—Hank Trisler, autor de *No Bull Selling (No a las ventas agresivas)*

"Las compañías invierten horas incontables y dinero en mercadeo y publicidad buscando diferenciarse de la competencia. Si quieres conocer el verdadero secreto para obtener la ventaja competitiva, lee *La gente compra por usted*. Cuanto más pronto leas este libro, más pronto tendrás ventaja sobre tu competencia".

—David Steel, autor de *The Care and Feeding of Highly Aggressive Salespeople (El cuidado y la alimentación de vendedores altamente agresivos)*

"Jeb Blount da a los profesionales de ventas y de los negocios el mejor conjunto de herramientas para liberar el poder interior, capacitándolos para generar ventas como nunca. ¡Deja de buscar trucos y tácticas! Aprovecha el factor de éxito que atrae ventas: ¡tú!".

—**Lee B. Salz, autor de** *Stop Speaking for Free! and Soar Despite Your Dodo Sales Manager (¡Deja de dar charlas gratis! y crece a pesar de tu anticuado gerente de ventas)*

"Aunque a todos nos gusta pensar que tenemos el secreto para el éxito en las ventas, hay una verdad fundamental que debemos entender y aplicar: ¡La gente te compra a ti! ¡Lee este libro con detalle y aprende cómo puedes aprovechar esta filosofía de gran importancia para hacer crecer tu negocio mucho más allá de lo que pensaste posible!".

—**Andrea Waltz, coautora de** *Go for No! (¡Ve por un no!)*

LA GENTE COMPRA POR USTED

LA GENTE COMPRA POR USTED

EL VERDADERO SECRETO DE LO QUE MÁS IMPORTA EN LOS NEGOCIOS

JEB BLOUNT

TALLER DEL ÉXITO

LA GENTE COMPRA POR USTED

Publicado por:
Taller del Éxito, Inc.
1669 N.W. 144 Terrace, Suite 210
Sunrise, Florida 33323
Estados Unidos
www.tallerdelexito.com

Editorial dedicada a la difusión de libros y audiolibros de desarrollo y crecimiento personal, liderazgo y motivación.

Traducción: Eduardo Nieto Horta
Corrección de estilo: Ana Cox
Diagramación: Joanna Blandon
Diseño de carátula: Diego Cruz

ISBN: 978-1607387800

25   26   27   28   29   R|GIN   07   06   05   04   03

CONTENIDO

PRÓLOGO

Como director ejecutivo de una de las más grandes firmas internacionales de reclutamiento, todos los días conozco y entrevisto a los mejores talentos del país. Eso hace que mi trabajo sea divertido: conocer personas con excelentes habilidades de liderazgo, increíbles capacidades interpersonales y visión. Nunca olvidaré cuando traté de reclutar a Jeb Blount hace muchos años para un alto cargo. Venía con excelentes recomendaciones como uno de los mejores ejecutivos en ventas relacionales de su industria, y esas recomendaciones eran ciertas. Algo lo diferenciaba y era su habilidad para relacionarse con los demás. Sí ¡eso era! ¡Sin duda, le gustaba la gente! Bueno, no logré mucho, a Jeb le encantaba su posición actual y el equipo con el que estaba trabajando. Pero nuestro almuerzo resultó para bien, nos hicimos amigos. Nuestra amistad creció con los años y esa resultó ser una oportunidad para animar a Jeb con sus otros dones y talentos: la oratoria y la escritura. Y aquí está, a punto de sacarla del estadio.

El nuevo libro de Jeb, *La gente compra por usted*, es innovador porque va contra la corriente de todos los demás libros de ventas que se están escribiendo en la actualidad, y que ignoran el sentido común: lo más importante son las personas. En mis propias experiencias, vi que esto era cierto. Recibo 52.000 currículos al año que comienzan con algo así como: "Estimado señor", "a quien corresponda" y "apreciado reclutador". ¿Qué están pensando? ¿Apreciado reclutador? ¿Acaso eso no es una contradicción en sí misma? Bueno, así como no nacemos con todas las destrezas que necesitamos, tampoco nacemos con una estrategia para la vida. *La gente compra por usted* presenta una estrategia práctica para ayudarte a recordar que los abuelos tenían razón: ser del agrado de los clientes, tener su confianza y tener una buena reputación, ¡es oro!

En mi primer empleo como vendedor, comercializaba una amplia variedad de productos enlatados a servicios de alimentación de escuelas, hospitales y restaurantes. Todos los días debía cocinar algún producto y ponerlo en mis termos como muestra para mis compradores. La señora Perkins, quien pudo haber tenido el papel de la Tía Bea en *Mayberry*, era la compradora del distrito escolar en Lubbock, Texas. Un día, llegué a las 6:15 a.m. con una gran bolsa de productos, mi torpeza como vendedor era evidente. Tenía 22 años y estaba tan enfocado en vender lo que tenía en mi bolsa, que no percibí que a la señora Perkins en realidad no le gustaba acompañar su café matutino con chili para el desayuno. Cuando me vio girar la tapa del envase, la amable señora Perkins dijo: "hijo, por favor no abras esos termos. ¡Son las 6:15 de la mañana!". Mientras buscaba en mis bolsas una muestra promocional de los productos, comenzó a hacerme preguntas sobre mi familia. Eso me hizo sentir mucho más a gusto en su presencia. Durante los siguientes 45 minutos, la señora Perkins habló sobre su familia, en especial sus nietos. Me estaba dando una lección de paciencia cuando se trata de ventas. Ese día fue tan amable conmigo que comencé a esperar nuestro siguiente encuentro, esperando, desde luego, que en algún punto comprara algunos de mis productos. Cerré mi bolsa, me preparé para salir y después de unos amables comentarios, le agradecí que tomara el tiempo para reunirse conmigo. Mientras me dirigía hacia la puerta, la escuché decir: "Bob, ¿no estás olvidando algo?". Di la vuelta para mirar qué había dejado. Ella dijo, "compraré cien cajas de chili". Abrumado, ¡corrí hacia ella y le di un abrazo! Esa fue mi primera venta, y aprendí una lección que no he olvidado durante toda mi vida. No fue mi presentación, mi producto ni mi compañía lo que dio pie a esa primera gran venta. Fue mi disposición a escuchar.

¿Estás buscando una ventaja competitiva en ventas este año? Bien, no la encontrarás en el *qué* de la vida: las cosas, los folletos, las carpetas, las presentaciones de Power Point, los DVD o las páginas de internet sin ninguna cara. No. Pero Jeb Blount ha investigado mucho y proporciona consejos prácticos irresistibles. Si estás buscando un empleo, un mejor trabajo, o deseas romper el récord de ventas, detente aquí. Toma tiempo para leer *La gente compra por usted*. Tus abuelos estarían muy orgullosos. Créeme, ¡me gano la vida haciendo esto!

Bob Beaudine, autor, del libro *The Power of WHO (El poder de QUIÉN)*, y director ejecutivo de Eastman & Beaudine

Jeb Blount es el director ejecutivo de SalesGravy.com, la página sobre ventas más visitada en la internet. Es un respetado líder de pensamiento, orador y consultor que ha ayudado a empresas, que incluyen desde integrantes del listado Fortune 1000 hasta nuevos emprendimientos, a desarrollar ventas ganadoras, liderazgo y estrategias de relaciones con los clientes. Es el autor de *Sales Guy's 7 Rules for Outselling the Recession (las 7 normas de un vendedor para superar las ventas en la recesión) y Power Principles (Principios de poder)*. Sus programas en audio, *Power Principles (Principios de poder) y Sales Guy's Quick and Dirty Tips (Consejos rápidos y astutos para vendedores)* han sido descargados más de 4 millones de veces, haciéndolo el experto en ventas con más descargas en la historia de iTunes. Más de 100.000 profesionales de ventas y líderes de ventas se suscriben a su revista electrónica semanal

Sales Gravy y ha escrito y publicado más de 100 artículos sobre ventas y liderazgo.

Cuando se trata de ventas y relaciones en los negocios, Jeb ha *"estado ahí, hecho eso y tiene las camisetas para demostrarlo"*. Ha vivido en las trincheras toda su carrera. Como representante, gerente, director y vicepresidente de ventas, prácticamente ganó todos los premios de ventas disponibles en ARAMARK, la compañía del listado Fortune 500 donde pasó gran parte de su carrera, antes de fundar SalesGravy. com. Fue reconocido como ejecutivo de cuenta del año, gerente de venta del año, gerente nacional de cuenta del año, en seis ocasiones ganó el Presidents Club, y llegó a ser el único ejecutivo de ventas y mercadeo en ganar el codiciado President's Award en la historia de su división.

Como líder de negocios, Jeb tiene una extensa experiencia construyendo y desarrollando organizaciones de ventas. Tiene una pasión por hacer que las personas crezcan, y la única habilidad de ver el potencial en todos. A lo largo de su carrera ha capacitado, entrenado y desarrollado a miles de vendedores y líderes. Conocido por su habilidad de animar a otros a la acción, busca quitar la complejidad de las situaciones de negocios y hace a las personas y las organizaciones concentrarse en acciones clave que generan resultados rápidos y sostenibles.

Como orador, Jeb deja a las audiencias en el borde de sus asientos, deseosas de más.

DE LA INFORMACIÓN
A LA EMPATÍA

¿Qué es lo más importante para tu éxito como profesional de ventas o en los negocios? ¿La educación, la experiencia, el conocimiento del producto, el nombre del cargo, tu territorio, o el atuendo de negocios? ¿Es la reputación de tu compañía, el producto, el precio, el mercadeo colateral, los mejores tiempos de entrega, las proporciones de mercancía disponible, las garantías de servicio, las fortalezas de la gerencia o la ubicación de las bodegas? ¿Son los testimonios, el último artículo en *Forbes* o la consciencia de la marca? ¿Es la inversión en el último software de CRM, las herramientas de negocios 2.0, o la estrategia de redes sociales? ¿Es la educación, la experiencia, la ética de trabajo, la geografía, el color de las tarjetas de negocios, o las conexiones?

Puedes contratar una lujosa firma consultora, alargar la lista, añadir más viñetas, ponerlo en una presentación de PowerPoint, y tener una exhibición espectacular, pero al final solo habrá una conclusión: ¡Ninguna de las anteriores! Verás, la ventaja competitiva más importante para los profesionales ejecutivos de la actualidad no se puede encontrar en esta lista, en tu currículo, ni en ningún folleto de mercadeo de tu compañía.

Si quieres saber cuál es tu ventaja competitiva más poderosa, solo mira en el espejo. Es correcto, eres tú. ¿Todas las demás cosas importan? Claro que sí, pero son solo entradas al juego. Cuando todo está nivelado, y en el mundo competitivo de hoy, casi siempre así es, *la gente compra por usted*. Tu habilidad para crear relaciones de negocios duraderas que te permitan cerrar más tratos, retener clientes, aumentar tus ingresos y desarrollar tu carrera para llegar a la cima de tu compañía o industria, depende de las destrezas que tengas para hacerte agradable y confiable a otros, y lograr que TE COMPREN A TI.

Cuando aceptes y adoptes por completo la filosofía de *La gente compra por usted*, tu confianza crecerá y te desempeñarás a un nivel más alto. Identificarás lo poderoso que puedes ser como profesional de negocios y de ventas porque, por primera vez, entenderás cuánto control tienes sobre tu destino. Ya no estarás atado a viejos paradigmas. Las cosas que una vez creíste importantes se harán a un lado. Ya sabes que lo verdaderamente importante en los negocios es qué tan efectivo eres en hacerte agradable y confiable para los demás y en lograr que te crean. Cuando despiertes a la realidad de que las personas te compran a ti, el verdadero éxito y el logro estarán a tu alcance.

La bombilla se enciende

Comencé esbozando este libro en una servilleta mientras almorzaba con un amigo en San Francisco. Habíamos estado conversando acerca de lo complicados que habían llegado a ser la mayoría de los libros de ventas y entrenamiento durante la última década. Como estudiantes de la profesión de ventas, mi amigo y yo habíamos leído cientos de libros sobre ventas y negocios. Siendo el editor del sitio de ventas más visitado en internet, SalesGravy.com, cada semana recibo varios libros sobre este tema para revisarlos. Me parece que cada autor trata de superar al anterior con un nuevo método para hacer ventas y tener éxito en los negocios. Siempre me asombra la plétora de libros, sistemas y programas de ventas que afirman ser los más recientes y efectivos para ayudar a que los profesionales del sector cierren más negocios, hacer que quienes trabajan en pequeñas empresas alcancen el nirvana convirtiéndose en grandes ejecutivos, lograr que los líderes desarrollen equipos ganadores y que las personas construyan mejores carreras. Es asombroso como algunos de estos libros han hecho confuso el proceso de hacer negocios. La gran cantidad de nuevos esquemas ignoran cada vez más los principios elementales de la interacción humana que mueve todo en nuestras vidas.

Mi primer gerente me enseñó que las ventas están regidas por normas y principios elementales. Mientras trabajábamos juntos en complejos acuerdos de varios millones de dólares, me entrenó para que siempre mantuviera la concentración en lo esencial. Nuestro porcentaje de tratos cerrados estaba entre los más altos de la industria porque nos ceñíamos a lo esencial. Durante mis 20 años como profesional de ventas, rara vez me he alejado de lo básico, y cuando lo hice, no tardé en recordar, gracias a la fuerza gravitacional del fracaso, que no debía volver hacerlo. Por experiencia como profesional de ventas, gerente de ventas, y ejecutivo senior, he aprendido que es atrayente pensar en la existencia de una píldora mágica que es la solución para tener éxito. Sin embargo, en los negocios es necesario tener un enfoque agudo e inamovible en lo esencial para mantener el éxito año tras año.

Tendencias del siglo veintiuno

Parte de la complejidad y la astucia las mueven tres grandes tendencias: *la tecnología, la comunicación y la especialización.* La tecnología y la comunicación han transformado y agilizado las organizaciones, en especial las compañías más grandes. El arte de los negocios como lo conocían las generaciones del pasado está siendo reemplazado rápidamente por un proceso elegante y la ciencia sistematizada. La tecnología, la comunicación y la especialización han alterado para siempre la velocidad de los negocios.

Sin embargo, el mayor problema de las empresas de hoy es que el péndulo de la concentración se ha extendido demasiado hacia la tecnología, el proceso y los sistemas y se ha alejado mucho de las habilidades interpersonales. Muchas organizaciones han desechado lo básico, reemplazándolo con modas, o se han concentrado tanto en procesos y sistemas que han olvidado lo esencial, los negocios consisten en una persona que ayuda a resolver los problemas de otro. La ironía es que se han hecho grandes inversiones en tecnología, comunicación y sistemas, con el único objetivo de dar a los profesionales de ventas y a los empleados de primera línea más tiempo con los clientes, dar al personal de apoyo más tiempo dedicado a colaborar entre sí, y a los líderes más tiempo para pasar con los empleados. Encuentro contraintuitivo que las empresas inviertan para dar al personal más tiempo para pasar con otras personas, mientras pasan por alto enseñar la esencia de las relaciones interpersonales.

También ha llamado mi atención, la tendencia hacia la especialización. Hoy más que nunca los profesionales de negocios se han especializado en sus campos e industrias. Aunque todavía hay cruces de caminos, es mucho menos que en el pasado. Por ejemplo, para alguien en la venta de software es muy difícil pasar sin dificultad a la venta de dispositivos médicos. Gracias a esa tendencia a la especialización, los profesionales de negocios de hoy deben depender más de sus marcas personales y relaciones. La habilidad para crecer y mantenerse en la cima de sus industrias y conservar el nivel de especialización, dependerá de la flexibilidad que tengan para crecer y ajustarse a los cambios de la industria, adoptar nuevas tecnologías y procesos, y, sobre todo, para crear relaciones duraderas. Uno de los temas fundamentales en el innovador libro de Bob Beaudine *The power of who (El poder del quién)* es construir, fomentar y aprovechar tu red, *o el quién*. Teniendo organizaciones de entrenamiento tan concentradas en los sistemas y los procesos, ¿quién enseñará a la siguiente generación de ejecutivos cómo conectar las habilidades interpersonales con los procesos de negocios?

Te presento a Tim Sanders

Entonces conocí a Tim Sanders, el autor de *The Likeability Factor (El factor de probabilidad de agradar)*. Tuve la exclusiva oportunidad de escuchar su discurso dinámico y atrayente acerca de la probabilidad de agradar. Eso me movió a la acción. ¡Tim tenía razón! Cuanto más agradas, más probabilidades tendrás de ser más feliz, más saludable, y tener más amigos y más éxito. Como profesional de ventas, de inmediato comencé a considerar cómo podía aplicar su *Fórmula* al negocio de conseguir y mantener clientes. ¿Cuáles eran las implicaciones para los profesionales de ventas del siglo veintiuno? Y, según eso, ¿cuáles eran las implicaciones para todos los profesionales ejecutivos?

En lo más esencial de la cotidianidad, considero los negocios como la posibilidad de una persona para resolver los problemas de otra. Esas interacciones uno a uno, repetidas millones de veces, en todos los niveles, todos los días, son los engranajes que mueven las empresas y la economía. No hay otro lugar donde este concepto sea más importante que en las ventas. Las ventas son muy simples: resuelve los problemas de tus clientes y comprarán la solución que ofreces.

Desde esta óptica, considerar los negocios fue el punto decisivo para el proyecto de *La gente compra por usted*. En el siglo veintiuno, las relaciones interpersonales han resultado ser más importantes que en cualquier otro momento en la historia. La paradoja de la tecnología es haber eliminado barreras que, por mucho tiempo, habían hecho lenta la comunicación, además de incómoda y costosa, erigiendo al mismo tiempo barreras que inhiben las interacciones interpersonales. En muchas áreas, nos hemos movido a una era de comunicación instantánea y respuestas tardías. La tecnología ha eliminado la necesidad de hablar de verdad con otra persona, o incluso reunirse cara a cara. Estos cambios en la manera de comunicarse han hecho necesario que los profesionales de negocios aprendan a adoptar nuevas habilidades para construir relaciones, y han dado más valor a las estrategias tradicionales para el desarrollo de relaciones.

Un nuevo paradigma, de la información a la empatía

Desde el momento en el que entramos a la era de la información en los años 1980, el proceso ha cobrado valor sobre las personas. La internet y las tecnologías que la acompañan retorcieron la productividad en cada proceso y sistema de negocios. A medida que la productividad por trabajador aumentó, también aumentó la prosperidad. Conforme las barreras de comunicación disminuyeron, pudimos avanzar a las tareas más repetitivas que podían sistematizarse en otras latitudes, donde los salarios bajos ayudaban a aumentar aún más las utilidades. ¡En menos de dos décadas, quitamos las interacciones humanas de muchas de nuestras actividades cotidianas! Solo considera cómo los procesos bancarios y las negociaciones de acciones han cambiado nuestra manera de interactuar con las instituciones financieras. En el proceso, el servicio al cliente se deterioró en muchas compañías, porque las funciones de servicio fueron trasladadas a servicios en línea en otros países. Para saber qué tan lejos ha llegado el péndulo, solo debes contactar a un representante de servicio en otro país que, en la pantalla de su computadora, lee como un robot un texto preaprobado en lugar de prestarte ayuda de verdad.

Daniel Pink destaca este fenómeno en su éxito de librería, *A Brand New Mind (Una mente nueva)*. Él indica que los trabajadores con la habilidad de tener empatía e interactuar con otros son los que tendrán la ventaja competitiva y económica en las próximas décadas. Al igual que Sanders y Beaudine, Pink nos hace ver el valor que las interacciones humanas tienen para nuestro propio éxito en los negocios y en la vida.

Sabemos por intuición que el péndulo va a volver a la posición opuesta. Cuando llegue a su punto máximo de un lado, se detiene y de inmediato gana impulso hacia el otro lado. Ahora que el péndulo ha alcanzado su punto máximo del lado de los procesos, la interacción humana, la empatía y las habilidades interpersonales (ya devaluadas) pasan a ser la nueva ventaja competitiva para los profesionales de los negocios y las ventas. Los trabajos que se pueden reducir a procesos han sido asignados a otros países donde la mano de obra barata y la tecnología hacen el trabajo a un costo más bajo. Los empleos restantes necesitan interacción humana y empatía. Esta es una de las razones por las cuales sigo creyendo que la profesión de vendedor es la más lucrativa y a prueba de recesión que existe en la Tierra.

¿Cuál es el punto?

El objetivo de este libro es simple. Quiero que entiendas lo importante que es, para tu futuro, contar con la habilidad de ser agradable y confiable para los demás, y que te compren a ti. Pero entiende que *La gente compra por usted*, no se trata de venderte a ti. Ese es un viejo cliché, el cual, a menos que estés en el comercio sexual, prácticamente no tiene sentido. *La gente compra por usted*, consiste en crear conexiones con otros para descubrir y resolver sus problemas.

En este libro, no encontrarás extensas diatribas acerca de la psicología y el comportamiento humano. No habrá lecciones sobre programación neurolingüística ni acerca de entender las minucias del lenguaje corporal y de las expresiones faciales. No estaré citando libros de texto sobre estudios de científicos afamados. No daré trucos para manipular a otros. Este libro se trata de acción. Es sobre la realidad y el mundo real. *La gente compra por usted* es una guía práctica que te enseñará pasos fáciles y lógicos que cambiarán de inmediato cómo te perciben los demás, te ayudará a desarrollar relacio-

nes duraderas, a ser más influyente y persuasivo y te permiti-
rá alcanzar el éxito que mereces en los negocios.

2

LOS AMIGOS COMPRAN DE AMIGOS Y OTROS MITOS URBANOS

En las ventas y los negocios hay diferentes creencias y clichés en torno a las relaciones que sencillamente son hipérboles. A los entrenadores, los gerentes de ventas, los oradores y los autores les gusta usar estos dichos, porque suenan bien y han sido muy aceptados como verdad. Como lo expliqué en el primer capítulo, *La gente compra por usted* se basa en la realidad. Las habilidades, los conceptos y las técnicas que se enseñan en este libro son realizables y se pueden implementar de inmediato. No es un discurso hueco. No son conceptos para hacerte sentir bien y que no se pueden ejecutar en el mundo real. Así que, antes de avanzar más, quiero disipar tres mitos comunes en torno a las relaciones, y que, estando impregnados en las ventas y los negocios, pueden estar interponiéndose en tu camino.

Mito #1. Los amigos compran de los amigos

A comienzos de mis veintes, fui contratado como representante de ventas de una compañía. En ese trabajo, ganaba solo por comisiones de ventas a consumidores y tenía una alta rotación de personal. Pero yo era joven, estaba ansioso y no tenía dinero, así que, cuando tomé asiento en la sala de entrenamiento con los otros nuevos empleados, no podía esperar a comenzar. Además, como estaba trabajando para pagar mis estudios, un trabajo en ventas que me permitiera organizar mi propio horario y tener ingresos ilimitados parecía ser un sueño hecho realidad.

Nuestro entrenador era un hombre llamado Jerry. Era divertido y enérgico. Debía enseñarnos el sistema de ventas de la compañía, encendernos y enviarnos a vender. Pero, después de 30 días, la gran mayoría de nuestro grupo se cansó del rechazo, se estrelló y renunció. Jerry no nos informó esta realidad. Nos dijo que, si seguíamos el sistema que nos estaban enseñando, pronto estaríamos imprimiendo dinero.

Hacia el final de nuestro entrenamiento, Jerry anunció que tendría un invitado especial. El vendedor número uno de todos los tiempos haría una visita especial a nuestra clase para compartir sus secretos. Todos los rostros juveniles que me rodearon se iluminaron. Nos sentamos atentos y tomamos papel y lápiz. Estábamos listos a escuchar los secretos para el éxito.

Herb era un hombre de baja estatura y rechoncho que usaba un traje gris barato y zapatos marrones muy gastados.

Para un joven de 20 años, se veía anciano. Pasó al frente de nuestra clase, nos observó por unos minutos y no dijo nada.

Estábamos estupefactos. Ante nosotros estaba el hombre que, según Jerry, había roto todos los récords de ventas de la compañía. Se dedicó a decir cosas superficiales: que éramos la clase más atractiva de vendedores que había visto en mucho tiempo, que era bueno tenernos en la compañía, que a todos nos iba a ir bien, pero luego su rostro cambió a una expresión seria y con un fuerte acento sureño dijo: "chicos (no había mujeres lo suficientemente tontas como para buscar ese empleo), la gente suele preguntarme por qué tengo éxito. Siempre les digo dos cosas y esto lo pueden poner a prueba. Primero, deben trabajar duro. Si no se esfuerzan, no van a ganar dinero. Segundo, y esto es importante (hizo una pausa para enfatizar), los amigos compran de amigos". Y eso fue todo. El secreto del éxito de Herb para vender ventanas de reemplazo y revestimientos exteriores, era trabajar duro y vender a amigos.

Al día siguiente, Jerry oficialmente nos graduó de la clase de entrenamiento en ventas y todos salimos a las calles a buscar clientes. Recordé lo que Herb había dicho así que llamé a mis amigos y a los amigos de mis padres. Una semana después, no tenía amigos. Ninguno de ellos necesitaba ventanas ni revestimientos exteriores. Aprendí la lección que infinidad de agentes de bienes raíces, de seguros, corredores de bolsa y comerciantes de redes han aprendido: solo algunas veces los amigos compran de amigos. La mayoría de las veces no es así, y, sin duda es fácil quedarse sin amigos, o, más probable aún, ver cómo huyen de ti.

Ahora, algunos entrenadores de ventas dicen: "solo tienes que salir y hacer más amigos". Bueno, te tengo noticas, hacer nuevos amigos no es fácil. No es eficiente y, para ser honestos, solo puedes tener un número finito de amigos en tu vida. Aunque es cierto que tus amigos pueden y te ayudarán a obtener lo que deseas, la gran mayoría de personas con las que trates en los negocios, no lo hará, y nunca serán tus amigos. Si quieres tener éxito en los negocios, debes hacer que quienes no son tus amigos también te compren a ti.

Mito #2. Las personas compran de personas que les agradan

Asistí varios años después a un entrenamiento de ventas con una nueva compañía. Me acababan de contratar como representante de ventas y vendía servicios de empresas a otras empresas. Nuestro entrenador pasó al frente de la clase y dijo, "solo recuerden, ¡la gente compra de personas que les agradan!". Eso lo escribí en una tarjeta de notas y la pegué sobre mi escritorio de los cubículos para vendedores. Varias semanas después, un gran cliente potencial, con quien había desarrollado una buena relación, me informó que ya no iba a hacer más negocios conmigo. Dijo: "Jeb, en realidad nos agradas e hiciste un gran trabajo con tu presentación, pero decidimos hacer trato con tu competidor".

Eso me dejó devastado. Todas las señales que había recibido del comprador indicaban que iba a obtener el trato. Incluso mi gerente de ventas me había dicho que podía escribirlo en piedra, el trato era mío. Tartamudeé diciendo: "no comprendo, pensé que tenía cubiertas todas las bases y te di lo que buscabas".

Él me respondió, "bueno, pasaste por alto algunas cosas, y tu competidor tiene un producto que es mejor para nuestra aplicación. Como dije, de verdad nos agradas e hiciste una excelente presentación. No es que hayas hecho algo mal. Es solo que ellos tienen una mejor solución a lo que necesitamos. Si algo cambia, prometo que serás el primero a quien llamaremos".

¡Ouch! Nuestro producto era exactamente el mismo, pero resulta que el competidor había descubierto un problema que yo no vi. Perdí varias cuentas similares antes de comenzar a entender, en mi pesada cabeza, que la gente en realidad no compra de personas que les agradan. Compran de personas que resuelven sus problemas. El problema fue que había cambiado la esencia por el encanto. No me malentiendas, en algunas ocasiones funcionó, y por eso seguía haciéndolo. El problema era que no funcionaba todas las veces, y, para tener éxito, necesitaba un mejor promedio de bateo.

Por desgracia, muchos confían en el encanto, el carisma y el don de atracción para lograr su objetivo. Estoy seguro de que conoces a ese tipo de personas. Algunos clientes caen en la estrategia, pero no es así con la mayoría. Con el tiempo, estos vendedores se ganan la reputación de "ser habladores, pero sin acciones reales". En Texas, tienen este dicho: "sombrero grande, pero nada de ganado". Mi buen amigo y socio de negocios a estas personas las llama "charlatanes" que pasan las páginas de sus presentaciones y no paran de hablar.

Ser agradable es de suma importancia si quieres que la gente te compre a ti, pero no es suficiente. Hay mucho más en la ecuación. De esto es que se trata *La gente compra por usted*. Te ayuda a obtener más que solo ser agradable y abre la puerta a conectarte e involucrar a otros para descubrir y resolver problemas, crear confianza y anclar relaciones a largo plazo. No se trata de vender o convencer, se trata de conectar y resolver.

Una verdad. Las personas no compran de personas que no les agradan

Debes ser consciente de que nadie compra a personas que
no les son agradables, a menos que sea una absoluta necesidad (como comprar helado en el sur de la Florida después de
un huracán). Una profesional de ventas a quien entrevisté y
que también es una de los mejores en su industria, tiene una
regla imprescindible. Si no puede crear conexión emocional
con su comprador, no insistirá en la venta y seguirá su camino. Dice que la experiencia le ha enseñado que si, por alguna
razón ella no le agrada a la persona con la que está tratando
de negociar, sus probabilidades de cerrar la venta son casi
nulas, sin importar lo idóneo que sea su producto para las
necesidades del comprador.

Gerentes y propietarios de negocios, tomen nota. Miren alrededor de su empresa y piénsenlo. Sus clientes compran
sus productos y servicios y siguen comprando porque sus
empleados son agradables. Deben entender que dejarán de
comprar cuando sus empleados comiencen a ser desagrada-
bles a sus clientes, y encontrarán personal de ventas y servicios que les darán un sentido de bienestar emocional en
cuanto a sus compras. El personal de ventas, mercadeo y
publicidad puede hacer que los clientes potenciales tengan
las emociones necesarias para comprar una vez, pero si no
les gusta el equipo de apoyo, los representantes de servicio
al cliente, u otras personas con las que traten, los perderán
como clientes a largo plazo.

Mito #3. Debes venderte

La mayoría de nosotros, en un momento de nuestras carreras, ha escuchado a algún sabio entrenador o gerente decir: "debes venderte a ti mismo".

"Si quieres obtener el empleo, hijo, debes venderte a ti mismo".

"La verdadera clave para las ventas es tu capacidad de venderte a ti mismo".

"Si quieres agradar a los demás, tendrás que venderte a ti mismo".

Esta filosofía prevalece en nuestra cultura de negocios. No hace mucho fui a una prestigiosa universidad para escuchar la charla de un exitoso hombre de negocios ante un grupo de estudiantes de MBA de las mejores escuelas del mundo. El orador era tan respetado que, cuando entró al salón todo el mundo guardó silencio. Los asistentes estaban al borde de sus sillas desde el comienzo. ¿Y cuál fue el mensaje? ¿Cuál fue el secreto del éxito que este reverendo ejecutivo dio? "Nunca olviden lo importante que es, en los negocios, venderse primero ustedes mismos". Todo el auditorio asintió al tiempo.

Para este sabio hombre y muchos otros, la frase *véndete a ti mismo* se ha convertido en un cliché fácil de usar. Sencillamente es atractiva. Al igual que el público en esa charla, la mayoría de las personas asentiría con la cabeza, mostrando su acuerdo con la afirmación como si algún profeta en una montaña acabara de leerla en unas tablas de piedra.

El experto en ventas y autor de éxitos de librería, Jeffrey Gitomer enseña una filosofía sencilla, "a la gente le gusta comprar, pero odian que les vendan". En otras palabras, la mayoría de las personas prefiere comprar según sus términos. No quieren apreciar un difícil discurso de ventas o una lista de características. Pero todos los días, los vendedores de todo el mundo, ya sea por teléfono o en persona, hacen sus ventas descargando información sobre sus clientes, presionando o solo tratando de lograr la venta mediante conversación. Luego, salen y comienzan a vender en eventos de creación de conexiones, a clientes, clientes potenciales, gerentes de contratación, y a cualquier otra persona que logren retener por cinco minutos.

Pero eso no funciona, porque a la gente le gusta comprar y no que les vendan. Cuanto más intentes venderte a otros, más los alejarás. Una conversación donde escuchas a la otra persona hablar de sí misma, sus logros y lo buena que es, terminará en rechazo. No es más que una descarga de características de producto. Al terminar, te vas pensando en lo mucho que te gustaría pasar más tiempo con esa persona. En lugar de eso, piensas, "qué persona tan pesada" o "qué aburrido" o "vaya, es un egocéntrico".

Es claro que nos gusta la oportunidad de vendernos a nosotros mismos. Muchos, si se nos diera la oportunidad, hablaríamos por horas acerca de nuestra persona favorita, ignorando el impacto negativo que esto tiene sobre cómo nos ven los demás. Cuando se les pregunta más, los expertos que afirman que debes venderte, no pueden explicar con precisión cómo hacerlo. Sin duda, te darán consejos, pero por lo general son hipérboles. No puedes venderte a *ti mismo* a otros, lo que debes hacer es lograr que los otros te compren a *ti* según sus términos. Así te preceda una gran reputación y otros quieran conocerte, tus intentos de venderte a ti mismo pueden resultar contraproducentes. Esta lección la aprendí con un discurso que di ante un gran auditorio una noche. Uno de los presentes era tan fanático de mi libro *Power Principles (Principios de poder)*, que hizo antesala con el organizador del evento para poder sentarse a mi lado. Durante la cena me hizo preguntas, y hablé y hablé, de mí mismo. Pocos días después del discurso, llamé al organizador de la cena para hacer un seguimiento y darle mis agradecimientos. Le agradecí por haber permitido que Daniel se sentara a mi lado y le pregunté si Daniel lo había pasado bien. Pensó por un momento y finalmente dijo, "esto te lo digo porque me agradas; pero Daniel no salió con una buena opinión acerca de ti". ¡Fue como un golpe en el intestino! Le dije que, a mi parecer habíamos tenido una gran conversación y le pregunté qué había salido mal. El organizador explicó que Daniel había percibido que yo solo había hablado de mí mismo. La verdad duele. Yo vendí, pero Daniel no compró.La gente te compra porque tienen sus razones, no por las tuyas. Así que cuando les decimos a otros por qué deberíamos agradarles, esto es contraproducente. Sin embargo, cuando eligen comprarte por sus propias razones, esto crea una conexión poderosa y una relación que hace que casi todo sea posible.

La gente te compra

Este libro enseña tácticas específicas y prácticas que podrás emplear de inmediato para hacer que la gente te compre a ti. *La gente compra por usted* va más allá del mito y la hipérbole, y presenta un marco de referencia para hacer que los demás te ayuden a obtener lo que deseas (por ejemplo, comprar tu producto o servicio, darte un referido, contratarte, promoverte, etc.), al aprovechar la forma como las personas, en realidad, compran y toman decisiones.

Uno de los principios básicos en el cimiento de la filosofía de *La gente compra por usted* es una ley universal del comportamiento humano: *Las personas actúan primero (o compran) según sus emociones y luego justifican esas acciones con lógica.*

Cada día de nuestras vidas, tomamos cientos de decisiones. Algunas son grandes y otras pequeñas, unas las tomamos por pura intuición, otras son consideradas hasta que nos sentimos bien con lo que elegimos. Hay quienes toman decisiones rápido, y otros son lentos. Algunos sopesan todas sus opciones, mientras otros se lanzan sin pensar. No importa cómo sea, las emociones los guían antes que la lógica. No importa la evidencia empírica que tengan ante ellos, la acción va impulsada primero con la emoción. Eso no significa que los hechos, los números, las observaciones y las estadísticas no sean importantes. La evidencia y los datos de respaldo son críticos en la toma de decisiones, pero es la emoción lo que nos hace actuar.

Ahora, hay quienes discutirían a muerte sobre este punto. No están dispuestos a admitir cuán emocionales somos los seres humanos, y se usan como ejemplos. Ofrecen elocuentes ejemplos de cómo tomaron decisiones basados en hechos y lógica. Pero, en realidad, después de preguntar un poco, siempre puedo señalar el hecho de que solo han retrocedido para justificar con lógica sus decisiones emocionales. La comprensión es 20/20. Todos lo hacemos. Las organizaciones de negocios entienden que incluso los mejores gerentes de compras, quienes han sido entrenados para comprar según hechos y cifras, se ven inclinados por las emociones. Incluso, en años recientes, algunos departamentos de compras han comenzado a realizar subastas inversas en línea. ¿Cuál es el objetivo? Eliminar del proceso de compra el elemento humano, las emociones.

En lo esencial, las ventas y los negocios consisten en que una persona resuelve los problemas de otra. Para resolver los problemas de otros, primero debes hacer que te digan cuáles son sus problemas. Comienzas por ser agradable. Ser agradable abre la puerta a una conexión emocional. Cuanta más conexión sientan las personas contigo, más cómodas se sentirán de compartir información que revele sus problemas. Con esa información a la mano, puedes concentrarte y resolver sus problemas reales. Las personas son muy leales a quienes resuelven sus problemas. Sin embargo, aunque tu comprador pueda sentirse bien emocionalmente respecto a hacer negocios, aun así, buscan un fundamento lógico para respaldar esos sentimientos. Por esta razón, debes dar pasos cuidadosos para construir confianza mediante tus acciones y reforzar la conexión emocional y la confianza que tienen en ti mediante experiencias emocionales positivas.

Las cinco palancas de la gente compra por usted

Uso el término *palanca* porque una palanca es una herramienta sencilla que tiene el potencial de producir gran fuerza y mover objetos grandes. Arquímedes dijo: "dame una palanca lo suficientemente larga y un punto de apoyo para ponerla y moveré el mundo". Así mismo, las cinco palancas de *La gente compra por usted* funcionan juntas para ayudarte a mover a los demás hacia la acción, aprovechando las motivaciones impulsadas por las emociones humanas.

Simpatía

La simpatía es la puerta de entrada a las conexiones y las relaciones. Si los demás no te consideran agradable, entonces será casi imposible crear relaciones de negocios que sean rentables. Si no eres agradable, la gente no te aceptará ni comprará de ti. La simpatía es la responsable de las primeras impresiones, porque se da en un instante, y también es la responsable de las impresiones en curso, porque se puede perder en un instante. Cuando agradas a los demás, abres la puerta a las conexiones emocionales, a la confianza y a las relaciones de negocios que te ayudan a crear una carrera e ingresos de éxito.

Conexión

La simpatía lleva a la conexión. La mayoría de textos y programas de entrenamiento en ventas describen este proceso como la construcción de compenetración. Por desgracia, la compenetración como acción se ha convertido en una casilla que la mayoría de las personas marcan como un paso más en el proceso de venta. A diferencia de "Crear compenetración" que puede ser algo manipulador e incómodo, la conexión derriba los muros que tienden a obstaculizar la comunicación real y el entendimiento. Cuando las personas sientan conexión contigo, se sentirán más cómodas diciéndote cuáles son sus problemas. Con esta información a mano, tienes la oportunidad de resolver los problemas que sí son importantes. Esto da gran valor y genera verdadera lealtad. Las conexiones fuertes no son fáciles de romper y son el fundamento de las relaciones de negocios prósperas y de largo plazo.

Resuelve problemas

Una de las leyes inmutables del universo es que, cuando les das a otros, recibes diez veces más como recompensa. Los solucionadores de problemas son los campeones del mundo de los negocios. Sin embargo, es imposible resolver problemas que no conoces, y por eso es tan crítica la conexión. La esencia de los negocios consiste en una persona que resuelve los problemas de otra. Los compradores pagan por un problema resuelto. Esta es la palanca más importante en la filosofía de *La gente compra por usted*. Las personas de negocios de mayor éxito llevan la solución de problemas al siguiente nivel. Ellos constantemente están buscando problemas que puedan resolver, así ello no tenga impacto directo sobre sus negocios. Su lema es: "si ayudo a otros a obtener lo que desea, yo obtendré lo que deseo".

Crea confianza

La confianza es el pegamento que mantiene unidas las relaciones, y el cimiento sobre el que descansan todas las relaciones a largo plazo. La confianza se desarrolla con evidencias claras que demuestran que cumples con lo que dices que harás, que mantienes tus promesas y tienes un compromiso constante con la excelencia. Esto significa recorrer la milla extra en todo lo que hagas. En un mundo en el que la mayoría de las personas hacen lo mínimo, los profesionales que siempre hagan más de lo que les corresponde se destacarán. Los compradores aprecian y recompensan este compromiso con la excelencia haciendo más negocios, dando referidos y, sobre todo, con confianza.

Crea experiencias emocionales positivas

Así como un ancla se usa para mantener un barco en su lugar contra las corrientes, el viento, la marea y las tormentas, las experiencias emocionales positivas hacen lo mismo en las relaciones. Las experiencias emocionales positivas son un ancla para tus relaciones. Dejan a las personas deseando más. Cuando creas ese tipo de experiencias para los demás, aprovechas la ley de la reciprocidad que abre la puerta para que otros creen experiencias emocionales positivas para ti, afirmando más el ancla y creando relaciones que te recompensarán en los años por venir.

Consejo de ventas

La gente compra por usted está diseñado para enseñarte habilidades interpersonales que te permitirán descubrir y resolver problemas reales.

Pero hay un detalle. Si estás creando relaciones con clientes potenciales que no son calificados (clientes que por alguna razón no tienen la autoridad para comprar) o si estás volviendo a los mismos prospectos una y otra vez, sin añadir nuevos negocios, La gente compra por usted no te va a beneficiar. Si tu tubería de ventas está vacía, o si estás perdiendo tiempo con clientes y prospectos que no están calificados para comprar, entonces no vas a comer. No me importa cuán hábil seas construyendo relaciones, en las ventas, la actividad lo mueve todo, esa es la ley. La actividad es el trabajo duro de las ventas y es el precio que pagas por tus cheques de comisiones. Las actividades incluyen llamadas en frío, visitas de primera vez, llamadas de seguimiento, demostraciones de producto, recorridos, conducciones de prueba, visitas a instalaciones, puertas abiertas, tures, presentaciones, propuestas, referidos, correos directos, y más. El hecho es que, si realizas suficientes actividades, al menos venderás algo, así todo lo demás que hagas esté mal. Si no te mueves, así hagas muy bien todo lo demás, no venderás nada. Claro está, si tu actividad de ventas es consistente y usas las palancas de La gente compra por usted, serás una superestrella y tus ingresos florecerán.

3

SÉ AGRADABLE

Brad se encontraba mirando a través de las ventanas plateadas el jardín recién arreglado alrededor de su nueva tienda de alquiler de maquinaria. Después de 10 años en el negocio de alquiler, finalmente estaba en su propio edificio. Se sentía tan orgulloso de su logro que había invertido en un trabajo de jardinería; el frente del almacén se veía muy bien y disfrutaba de los cumplidos que le hacían sus clientes regulares. Tras años de duro trabajo, sentía que al fin había triunfado.

Entre tanto, afuera, en el estacionamiento, ve llegar un viejo sedán que se estacionó en los espacios libres del frente de la tienda, y una mujer bien vestida, con un portafolio de cuero, salió del lado del conductor. Brad supuso que era la agente de seguros que había llamado y con quien tenía cita a las 10 a.m. Ahora que era el propietario del edificio, necesitaba aumentar su cobertura de responsabilidad. Justo cuando estaba por dar la vuelta para buscar la carpeta con su póliza actual, ya que el agente le había pedido que la tuviera lista para la reunión, vio que ella tiró un cigarrillo al pavimento, lo pisó con sus zapatos de tacón alto, y lo pateó hacia las pajas de pinos de su nuevo jardín. Cuando Brad me relató su historia dijo, "sentí un repentino ataque de ira. ¡No podía creer que ella acababa de hacer algo así! De inmediato, supe que nunca más compraría nada de ella, sin importar lo que me ofreciera".

En su reunión con la agente Brad fue cordial y nunca mencionó cómo se había sentido respecto a la colilla de cigarrillo que ella había pateado hacia su jardín, al final agradeció la presentación y la propuesta. Después, cuando ella llamaba para hacer un seguimiento, Brad no estaba disponible o no tenía tiempo para hablar. Finalmente se dio por vencida y no volvió a llamar, pero no entendió por qué había perdido la venta.

La simpatía es la puerta de entrada a las conexiones

La palabra simpatía la define el diccionario como "modo de ser y carácter de una persona que la hacen atractiva o agradable a las demás". Tener simpatía no garantiza que lograrás la venta, la promoción o el trato de negocios. Como hemos aprendido, se necesita más que ser agradable y tener carisma para ganar en los negocios. Sin embargo, la simpatía es el primer y más importante paso para hacer que la gente te compre a ti.

Desde luego, si no eres agradable, la gente no comprará lo que ofreces. En nuestros seminarios *La gente compra por usted* ™, siempre pido a los asistentes que levanten la mano quienes les gusta pasar tiempo con alguien desagradable. Nunca nadie ha levantado la mano. La realidad es que no nos gusta estar cerca de personas así, y, siempre que sea posible, las evitamos. Si no eres agradable, otros no te darán la oportunidad de crear conexión. En otras palabras, si no eres agradable, no tienes muchas oportunidades de crear relaciones.

La simpatía es la puerta de entrada a las conexiones y las relaciones. Nos sentimos atraídos a personas agradables, y cuando nosotros también lo somos, los demás se sienten atraídos hacia nosotros. Cuando alguien te considera agradable, eso derriba suficientes barreras como para dar pie a una conversación, lo cual puede llevar a una conexión y a una relación de negocios rentable. La simpatía también hace parte integral de mantener y crear relaciones que ya tienes. Si en algún momento llegas a ser desagradable para tu cliente, no importa cuál sea la situación, tu relación de negocios terminará desintegrándose.

La gente compra por usted comienza y termina con la simpatía, porque ser agradable y seguir siéndolo es algo así como un "pegamento de relaciones". La simpatía afecta la percepción que los demás tengan de ti, su disposición a tener una conversación y a responder tus preguntas. Además, también afecta su disposición a darte segundas oportunidades cuando se presenten errores inevitables y problemas en el servicio. La simpatía hace la diferencia en la manera como los demás te reciben a ti y tu mensaje. Sin ella, sencillamente no puedes y no lograrás conectarte con otros.

Cómo ser agradable

El cliché "nunca tienes una segunda oportunidad para causar una primera impresión", es un obvio juego de palabras diseñado para ilustrar la importancia de las primeras impresiones. Al igual que Brad, todos emitimos juicios cuando conocemos a alguien. Esos juicios, que son tan imperfectos como emocionales, tienen un impacto duradero en nuestra percepción e interacción con los demás. Esos mismos juicios los hacen los demás sobre nosotros.

¿Cuánto tiempo tarda alguien en concluir que eres agradable o desagradable? ¡Un instante! A diferencia de la confianza, que se gana con el tiempo mediante muchas interacciones, ser percibido como agradable o desagradable se da en muy pocos segundos. Así que, cuando te reúnas con clientes potenciales o actuales, jefes, empleados y compañeros de trabajo, es de suma importancia que controles los comportamientos que influyen en la simpatía.

Algunas personas son agradables por naturaleza. Cuando llegan, la sala se ilumina. Atraen a un amplio rango de personas. Otros, por naturaleza, gravitan hacia ellos y entablan amistades con facilidad. Estas personas poco comunes y talentosas, suelen no tener idea de por qué son tan agradables. Tienen un talento dado y operan por puro instinto. Son agradables por naturaleza, tienen expresiones faciales amigables y son conversadoras mas no arrogantes. Todos, en alguna medida, tenemos cualidades que, de manera natural, nos hacen agradables a otros. Nos parece fácil crear conexiones y desarrollar relaciones con ciertos tipos de personas y personalidades.

Pero, el problema que enfrentamos en los negocios es que no siempre podemos elegir las personas con quienes interactuamos. Esto significa que muchas de las personas que encontramos no se sentirán atraídas a nosotros de manera espontánea. Y, para complicar las cosas, están también las preconcepciones que todos traemos a las relaciones. Estas percepciones pueden incluir sesgos culturales, raciales y socioeconómicos que están fuera de nuestro control.

Con todo, también hay comportamientos que podemos controlar. Hay comportamientos que nos hacen más agradables, nos ayudan a neutralizar los sesgos y abren la puerta a conexiones y relaciones con un amplio rango de personas que de otra forma no nos considerarían agradables.

Si no tienes un talento natural para ser agradable, tendrás que trabajar y practicar de manera consciente estos comportamientos. Antes de reuniones e interacciones con otros, tendrás que recordar practicar comportamientos agradables. Por ejemplo: si por naturaleza eres más introvertido, entonces quizás tengas la tendencia a sentirte inseguro cuando estás cerca de extraños. Esta inseguridad se traduce en comportamientosos como evitar contacto con los ojos o exhibir lenguaje corporal que sugiere falta de confianza. Para ser más agradable, tendrás que superar tus instintos naturales y hacer contacto visual, erguir los hombros y sonreír con confianza. Lo mismo sucede con muchos comportamientos naturales que impiden ser agradable. Debes desarrollar la autodisciplina para seguir siendo consciente de tus comportamientos y estar preparado para ajustar esos comportamientos a las personas con quienes te vas a reunir y los entornos donde vas a estar.

¿Es así de fácil? Bueno, en realidad no, si lo fuera, todos nos agradaríamos unos a otros. Nunca será fácil cambiar el comportamiento natural, sin importar cuál sea el propósito. La gran mayoría de las personas en el mundo van por la vida dejando que sus comportamientos naturales afecten sus relaciones actuales, así como las potenciales. Estas personas no están dispuestas a hacer cambios. Por desgracia, son ingenuamente inconscientes del impacto que esto tiene en su éxito en las ventas, los negocios y la vida.

Comportamientos agradables

La buena noticia es que el escenario ya está organizado para que sobresalgas en medio de la multitud. Como dice la autora Leanne Hoagland-Smith: "puedes ser la chaqueta roja en el océano de trajes grises". La siguiente buena noticia es que modificar tus comportamientos naturales, además de ser posible, es mucho más fácil de lo que crees.

Es claro que muchas cosas pueden influir en tu simpatía. Sin embargo, como lo he dicho, hay comportamientos fundamentales que afectan a nivel general la simpatía, y nosotros tenemos todo el control sobre esos atributos. Sonreír, tener buenos modales, estar presente, el entusiasmo, la seguridad y la autenticidad son comportamientos que te hacen más agradable ante los demás. En el resto del capítulo hablaremos sobre cómo aprovechar cada uno de estos comportamientos clave.

Sonríe

Hay un dicho que afirma: "frunce el ceño y lo harás solo, pero sonríe y todo el mundo sonreirá contigo". Desde que nacemos, aprendemos que la sonrisa es la manera más rápida de captar la atención de otros. La sonrisa de un bebé ilumina la habitación. Las sonrisas atraen. Los ceños fruncidos repelen. Hasta los perros entienden esto. Una cola meneándose, una boca vuelta hacia arriba, unos ojos brillantes y bien abiertos son la ruta más corta para recibir una caricia o una golosina.

Muchos estudios científicos y psicológicos han mostrado que la sonrisa es un idioma universal que se reconoce en todas las culturas y etnias en todo el mundo. Las investigaciones también han demostrado que sonreír es algo social, sonreímos mucho más con otras personas que cuando lo hacemos estando a solas. Sonreír es una herramienta básica de la comunicación que se usa para conectarnos y unirnos a otros. La sonrisa tiene la habilidad de comunicar significado, dependiendo de su intensidad. La emoción, el humor, el placer, la seguridad, la felicidad, la acogida, el amor, la comprensión, el interés, la amabilidad y la amistad, todas se comunican mediante la sonrisa.

Aunque hay volúmenes de investigaciones sobre la importancia de la sonrisa en el comportamiento humano y la comunicación, no necesitamos ningún estudio para explicar lo obvio. La sonrisa es la manera más efectiva de ser agradable. Punto. Nos sentimos atraídos a las personas que sonríen. Deseamos hacer parte de grupos de personas sonrientes, porque sus sonrisas nos dicen que están felices y nosotros también queremos serlo. Las sonrisas también tranquilizan y crean un entorno relajado. Su sonrisa sincera dice: "no pienso hacer daño: estoy abierto". En este ambiente más relajado, encontrarás que las personas son más proclives a hablar contigo, estarán más dispuestas a responder a tus preguntas y abiertas a crear conexión y desarrollar una relación.

Cuando sonríes, los demás estarán más dispuestos a ayudarte. Los porteros y las recepcionistas estarán más abiertos a darte información o a conectarte con alguien responsable de tomar decisiones, otros te darán una mano. Cuando sonríes, la gente es más indulgente con los errores que cometes y serán más comprensivos con tus fallas. Una sonrisa genuina humaniza las relaciones de negocios y comunica autenticidad.

Víctor Borge dijo en una ocasión: "La distancia más corta entre dos personas es una sonrisa". En realidad, no existe nada que pueda sustituir la sonrisa cuando se trata de ser agradable.

El valor de una sonrisa

Él entró sonriendo. Yo no. Estaba nervioso, asustado y buscando alguna razón para no estar ahí. El doctor Hampton era el tercer dentista al que iba. Necesitaba desesperadamente un complejo trabajo dental, salvo que mi fobia a los dentistas desafía toda lógica. Por desgracia, había evitado a los dentistas por tanto tiempo que estaba poniendo en riesgo mi salud. Pero, a pesar de esa realidad, tras mis citas con otros dos dentistas, nunca volví, porque no me sentía muy cómodo bajo su cuidado.

Pasé toda la mañana buscando en la guía telefónica y llamando dentistas. Con cada llamada, traté de explicar mi temor irracional. En casi todos los casos, esa explicación era atendida con indiferencia. En el proceso, contacté a la recepcionista del doctor Hampton. Le hablé de mi miedo a los dentistas y le hice una pregunta ilógica: "¿Él trabaja sin dolor?." Ella se rio muy duro, y podía escuchar la sonrisa en su voz cuando, con amabilidad, me dijo que tenían muchos pacientes con miedo al dentista y que a todos les había encantado el doctor Hampton. Su amabilidad derribó mi estrés y terminé riendo con ella. La mañana antes de mi cita, comencé a inventar excusas para cancelarla, aunque seguía escuchando la amable voz de la recepcionista diciendo "a todos les gusta el doctor Hampton", así que pude reunir el coraje para ir a su consultorio.

Al llegar, una sonriente recepcionista me saludó, su cara coincidía perfectamente con la voz sonriente en el teléfono. Ann me saludó como si fuera un viejo amigo. Incluso se disculpó por la cantidad de formularios que me entregó para que llenara. Para mi asombró, añadió que no debería tomar mucho tiempo, porque ya había llenado mis datos de dirección, nombre e información de seguro médico. No podía recordar cuándo había sido la última vez que una empresa se hubiera tomado la libertad de introducir en un formulario la información que ya tenían de mí. Le sonreí a Ann y le agradecí por su buena atención.

Mientras completaba los formularios, tuve un recuerdo fugaz del último odontólogo al que había ido. La recepcionista apenas había levantado la mirada cuando pasé a la pequeña ventana que la separaba a ella de la gran cantidad de pacientes en la sala de espera. Cuando supo mi nombre, me entregó una cantidad de formularios y, sin mediar más palabras cerró la ventana tras de sí, dejándome con mis cosas y aumentando más mi estrés. Al menos, me sentí bienvenido en la oficina del doctor Hampton.

Pocos minutos después, una técnica dental entró a la sala de espera y me saludó con una sonrisa. Me escoltó hasta la sala de revisión. Luego dijo: "Ann dijo que usted es nervioso. No se preocupe, cuidaremos de usted y a todo el mundo le gusta el doctor Hampton". Su sonrisa era genuina. Estaba comenzando a sentirme mejor, pero seguía luchando con el instinto de salir huyendo. Fue ahí cuando conocí al doctor Hampton. Al verlo entrar, mi corazón comenzó a latir más rápido. ¡Hora del dolor! Pero el doctor Hampton tenía en su rostro una sonrisa que desarmaba a cualquiera. Era sincero y cuidadoso. Le dije, "sé que es irracional y que soy un hombre adulto, pero le tengo pavor a los dentistas".

Sonriendo, pero en tono serio, dijo: "eso no es irracional. Si fuera usted, también estaría aterrado". Luego comenzó a reír. Yo reí y comencé a relajarme. Su sonrisa y las de quienes trabajaban con él, redujeron mi temor y me hicieron sentir que estaba en buenas manos.

¿El doctor Hampton trabajaba sin dolor? Sin duda que no. Me hizo doler. Las reparaciones en mis dientes fueron costosas y requirieron mucho tiempo. Pero él y su personal reconocieron mis sentimientos y me trataron con amabilidad y respeto. Sin embargo, cumplí con todas mis citas, y siempre me recibían con una sonrisa. Hasta el día del hoy, el doctor Hampton es el único dentista en quien confío para el cuidado de mis dientes. Ganó un buen cliente conmigo (estoy seguro de que pagué los estudios universitarios de uno de sus hijos) todo gracias a un buen sentido del humor y una sonrisa genuina.

Las personas responden de la misma manera

Mira a tu alrededor. ¿Ves cuán pocas personas están sonriendo? Ahora este experimento. Cuando te miren, soríeles. He aprendido que, nueve de diez veces, te van a sonreír también. Cuando eso sucede, tú sonríes y te sonríen como respuesta, creas una conexión instantánea por solo un momento.

Cuando se trata de comportamientos agradables tales como sonreír, ser amable, respetuoso y considerado, la gente tiende a responder de la misma manera. Los profesionales bien entendidos en servicio al cliente y manejo de cuentas usan esto a su favor con los clientes enfadados y molestos. No importa cuán rudo o enfadado esté el cliente, mantienen la calma, son respetuosos y complacientes. En casi todos los casos, el cliente se calma, y en muchos casos, se disculpa por su comportamiento.

Las personas responden de la misma manera Cuando eres amable, los demás tenderán a ser amables. Cuando eres respetuoso, es muy probable que recibas respeto a cambio. Y cuando sonríes, la mayoría de las personas también te sonríen.

Como la gente suele responder de la misma manera, tienes la oportunidad de controlar el tono de la mayoría de las interacciones que tienes con los demás. En lugar de estar a la merced de las circunstancias, puedes influenciar las emociones que tengan los prospectos y los clientes cuando te reúnas con ellos, con solo tener control sobre tus propios comportamientos. ¿Qué tan simple es? Bueno, sabemos que sonreír nos hace sentir bien. Es por eso que nos gusta hacerlo. Cuando sonríes, los demás sonreirán contigo. Y cuando comienzan a sonreír, se sienten bien. Cuando tus acciones hacen sentir bien a tus clientes, será natural que te consideren más agradable.

¿Por qué la gente no sonríe?

Recorre las oficinas de tu compañía, el supermercado, las calles, los lugares públicos y mira a tu alrededor. Observarás muchas caras inexpresivas y serias. Llama a empresas y pide que te contacten al servicio al cliente y escucharás pocas voces sonrientes. Entonces, ¿por qué si sonreír es una parte tan importante de la comunicación humana y se siente tan bien hacerlo, son tan pocos los que lo hacen?

La respuesta sencilla es que la mayoría de las personas están pensando en algo más, en especial en sí mismos.

En situaciones sociales, sonreír es algo natural que se hace en respuesta a otros. Es innato, instintivo y automático. Cuando alguien dice algo divertido o nos saluda con una sonrisa, nosotros también sonreímos. Pero cuando los que nos rodean no nos estimulan a sonreír, es natural que volvamos la atención a nuestros problemas y a nosotros mismos.

La realidad es que piensas en ti casi el 95 por ciento del tiempo. Cuando no estás pensando en ti, por lo general piensas en un problema o en un obstáculo que se interpone en tu camino y que te impide pensar en ti mismo. En otras palabras, por lo general, cuando las personas no sonríen, no es porque no estén felices, sino porque están sumidas en sus pensamientos. Desafortunadamente, cuando te pierdes en tus pensamientos, no eres agradable. Esto no es un problema para la persona que trabaja una bodega de correos o para un contador, pero sí lo es para los vendedores, los gerentes de cuentas, los empleados de atención al cliente, los gerentes y los ejecutivos que dependen de relaciones con los demás.

Pon una sonrisa en tu cara

Es natural que te pierdas en tus pensamientos y te concentres en tus propios deseos y necesidades. Cuando llegas a la reunión con un cliente, quizás estás pensando en lo que vas a decir, en la última llamada que hiciste, en el cliente, en el trato que acabas de perder, en algún problema con servicio al cliente, el extraño ruido que acaba de hacer tu auto o el próximo juego de ligas infantiles de tu hijo. Pero cuando entras a la empresa de tu cliente, todos los ojos están puestos sobre ti. ¿Qué van a ver? ¿Cómo te van a percibir? ¿Van a ver un profesional de negocios sonriente, animado y agradable, o una persona seria, absorta en sí misma e inaccesible? Tú puedes controlar esas percepciones, y estas tienen un gran impacto sobre tu simpatía.

Como sonreír no es un estado natural fuera de las situaciones sociales, debes ser intencional en esforzarte por poner una sonrisa en tu cara cuando te encuentres con otros o cuando contestes una llamada en el teléfono. Las palabras clave aquí son *intencional* y *esfuerzo*. Hacer un esfuerzo intencional significa:

Ser consciente de dónde estás y de las personas que te rodean.

Hacer tus pensamientos a un lado.

Poner una sonrisa en tu cara así en un comienzo tengas que fingirla.

Sonreír en situaciones sociales es fácil, pero se necesita práctica para hacerlo en el mundo real para que parezca espontáneo y genuino. Una técnica que algunas personas usan para sonreír de manera natural y sincera es pensar en algo placentero. Esto tiene el beneficio adicional de levantar tu ánimo. Es más fácil sonreír cuando te sientes bien y estás pensando en cosas felices. Pensar en algo placentero también te relaja y mejora tu confianza, dos claves para sonreír con naturalidad. Me gusta mirarme al espejo antes de entrar a ver a un cliente (o antes de pasar al teléfono) y practico cómo sonreír. Si estoy en el estacionamiento cerca del lugar donde va a ser mi cita, me miro en el espejo retrovisor y sonrió, con una sonrisa grande y amplia. Se ve ridículo. Pero cuando entro al edificio, saludo a todos, desde el guardia de seguridad hasta la recepcionista y mi cliente, con una sonrisa placentera y amigable. Y como las personas responden de la misma manera, en poco tiempo, también empiezo a ver que los demás me sonríen.

Toma un momento para pensar en la última vez que alguien te saludó con una gran sonrisa. Es probable que te haya hecho sentir bien. Supiste que a esa persona le alegró verte y el sentimiento fue mutuo. Esto es uno de los mejores beneficios de una sonrisa. Dale Carnegie lo dice mejor: "cuando saludes a otros con una sonrisa, pasarás un buen rato conociéndolos y ellos pasarán un buen rato conociéndote".

Sé cortés, amable, respetuoso y cuida tus modales

Cuando era niño, si visitábamos algún sitio, mi madre nos hacía sentar a todos y nos recordaba con severidad que debíamos cuidar nuestros modales. Mis hermanos, hermanas y yo no éramos perfectos, pero, poco a poco, con la firme instrucción de nuestra madre, aprendimos etiqueta y cómo comportarnos de la manera correcta ante otros. En algún punto de sus vidas, la mayoría de las personas han aprendido los mismos principios elementales de modales y etiqueta. Casi todos diferencian el bien del mal, la diferencia entre ser grosero y cortés, y cómo respetar a otros. Pero, como se ilustró en el relato introductorio de este capítulo, muchos *eligen* ser egocéntricos y concentrarse solo en sí mismos y en sus necesidades.

¿Has observado cuántas personas descorteses, groseras, con malos modales, incultas e irrespetuosas hay en el mundo de hoy? Parece que en todas partes hay personas groseras. El comportamiento grosero y descortés ha llegado a ser tan predominante que suele ser aceptado como normal. En una ocasión vi en un auto un adhesivo que decía: "la gente mala es lo peor". ¡Es muy cierto! Nadie quiere estar cerca de personas groseras y sin buenos modales. Nadie dice: "¿viste lo grosero que fue John?" ¡Qué pelmazo! Espero que vuelva pronto para que podamos pasar más tiempo con él". Las personas groseras y descorteses no son agradables. En las ventas y los negocios, no tener modales y normas elementales de la etiqueta, afectará tu carrera y tus ingresos.

La abundancia de personas descorteses por todas partes constituye una gran oportunidad para que las personas amables y corteses hagan un gran impacto en los negocios. En la actualidad, los buenos modales parecen tan escasos que, cuando eres amable y cortés en todo momento con los que te rodean, se hace notorio y te recuerdan. Los buenos modales son apreciados, te hacen agradable y, en el mundo de hoy, te dan una clara ventaja competitiva. Por fortuna, ser amable y demostrar buenos modales y etiqueta es algo que está totalmente bajo tu control. Lo que necesitas es algo de autodisciplina para concentrarte en los que te rodean en lugar de en ti mismo. Usa la Regla de Oro como guía. Trata a los demás de la misma manera en que quieres que te traten a ti. Esto incluye a todos, desde el portero hasta el director ejecutivo. Ser amable solo con las personas que importan demuestra una carencia de carácter e hipocresía. Además, nunca sabes quién está mirando.

Sé amable

En mi compañía, SalesGravy.com, nuestra declaración de valor dice: "*seremos amables con todo el mundo* sin importar nada más". Los vendedores en particular tienen la reputación de ser molestos, en especial entre los porteros y el personal de apoyo. Muchos trabajadores de servicio al cliente y gerentes de cuenta se han ganado la reputación de ser cortantes y groseros con los clientes. Ser amable no significa que no puedas ser asertivo. Para ser amable no tienes que ceder en todo. Pero sí significa que menospreciar a otros, ser demasiado exigente, demostrar impaciencia, y en general, mostrar falta de amabilidad son elementos que terminarán conspirando contra tu simpatía y credibilidad. Nunca olvides que, en el futuro, puedes llegar a necesitar la ayuda de alguien a quien no le has dado un buen trato. Al tratar con otras personas, práctica una actitud animada, amable, calmada, respetuosa y de aprecio, sin importar el trato que recibas. Trata a los demás de la misma manera en que quieres que te traten a ti. Así será más probable que ellos respondan de la misma manera. Aprópiate de nuestro lema. Sé amable con todos, sin importar nada más. Te garantizo que tu reputación como profesional crecerá con tu amabilidad.

Haz cumplidos

Abraham Lincoln dijo, "a todo nos gusta recibir un cumplido". En una ocasión, trabajé para un hombre que tenía el hábito de hacer cumplidos a todas las personas que conocía. Era un ejecutivo que dirigía una empresa con ventas de dos mil millones de dólares al año, era el gran jefe. Viajaba por todo el país visitando las oficinas e instalaciones de producción de su compañía. A dondequiera que iba, la gente en sus plantas esperaba sus visitas. Todos, desde el empleado de medio tiempo que recogía la basura en el estacionamiento, hasta los más altos gerentes, recibían un cumplido sincero siempre que él estaba cerca. Sus empleados harían cualquier cosa por él. Todo lo que pedía se hacía. No porque tenían que hacerlo, sino porque querían hacerlo.

Una de las maneras más fáciles de ser amable y ganar la simpatía de los demás es haciendo cumplidos sinceros. El desarrollar consciencia de los demás te ayudará a notar cosas en ellos que puedes elogiar. La clave es hacer a un lado los pensamientos enfocados en ti mismo y tener un interés genuino en los demás. Cuando das a los demás un cumplido genuino y sincero respecto a un rasgo, una posesión o un logro, has dado un gran presente. Haces que se sientan valorados, reconocidos e importantes. Y más importante aún, cuando alguien se siente así, su autoestima crece, siente agrado hacia sí mismo y, gracias a esto, también les agradas.

Cuando sonrío y otras personas responden igual, me gusta hacerles un cumplido diciendo "tienes una hermosa sonrisa". Siempre que lo hago, su sonrisa aumenta. Elogia la ropa, unos hijos hermosos, premios, el arte de los hijos o rasgos personales. Si conoces bien a la persona, o has investigado algo antes de encontrarte con él o ella, elogia algún logro que haya alcanzado. La clave es entrenarte a observar e interesarte por los demás. Cuando lo hagas, te asombrará las puertas que abre un cumplido genuino.

Sé respetuoso

Según Wikipedia,

Respeto denota un sentimiento positivo de estima por una persona u otra entidad (como una nación o una religión), y también acciones y conductas específicas que demuestran esa estima. El respeto puede ser un sentimiento puntual de reconocimiento de las cualidades de aquello que se respeta (por ejemplo, "tengo gran respeto por su juicio"). También puede ser una conducta de acuerdo con una ética de respeto. Las conductas groseras suelen ser consideradas un indicador de falta de respeto, mientras que las acciones que honran a alguien o algo indican respeto.

El respeto y los buenos modales van de la mano. Crecí en el sur, donde nos enseñaban que, al dirigirse a otras personas mayores o en posición de autoridad, es adecuado hacerlo diciendo "sí, señor" y "no, señor" y "sí, señora" o "no, señora". Aunque veo que esta es una práctica regional y cultural limitada al sur de los Estados Unidos, dado que esta práctica es una clara demostración de respeto, me ha sido muy útil en todo el mundo, porque es una demostración tangible de mi respeto. Lo mismo sucede con "por favor" y gracias". Muestra tu gratitud y no pasará desapercibida.

Puedes mostrar respeto de muchas maneras. Ponerte de pie cuando alguien entra a una sala es una señal de respeto.

Estrechar la mano y mirar a los ojos muestra respeto. Caminar por la acera en lugar de pisar los jardines de tu cliente demuestra respeto. Pedir permiso para tomar asiento, para poner algo sobre el escritorio de tu cliente potencial, o caminar hasta el otro lado del escritorio son todas muestras de respeto. Respetar es esperar tu turno para hablar, apreciar la ayuda que te dan, y esperar que otros reciban su plato antes de comenzar a comer en una cena de negocios.

Las personas respetuosas son muy agradables y suelen recibir respeto a cambio. La clave para siempre mostrar respeto es apagar tus pensamientos egocéntricos y concentrarte en los demás. Es tener consciencia de las personas que te rodean y de cómo tus acciones tienen efecto sobre ellos. También es el resultado de tu carácter, integridad, y creer que demostrar respeto es lo correcto. Ser consistente en mostrar respeto por los demás es una de las vías más rápidas para obtener ascensos, aumentos de salario, retener clientes, aumentar ventas y ser agradable.

Consejo de ventas.
Las vidas secretas de los porteros

A comienzos de este año, mientras entrenaba a mi nueva asistente y revisaba sus responsabilidades, ella me preguntó cómo manejar las llamadas de vendedores. Por el gesto que hizo, noté que esta no era una tarea que le agradara. Eso me hizo pensar en la tensión constante entre los profesionales de ventas, que están tratando de entrar, y las legiones de porteros con la tarea de mantenerlos a raya.

También pensé que, con tantas personas compitiendo por mi tiempo, tanto dentro como fuera de mi organización, si me reunía con cada vendedor que llamara, nunca haría mi trabajo, que es justo la razón por la cual tengo alguien cuidando mi puerta de entrada. El trabajo más importante de mi asistente es proteger mi tiempo para que yo mantenga la concentración en las tareas más importantes de mi negocio. Por desgracia, eso la pone en la posición nada envidiable de decir no a los vendedores, quienes, irónicamente, son los que mantienen en el negocio a una gran cantidad de autores, consultores y oradores, que crean bibliotecas de libros, programas de audios y discos compactos diseñados para enseñarte los secretos de lograr superar la barrera de los porteros.

Una verdad universal en las ventas es que la gente odia a los porteros. Estos bloqueadores obstaculizan sus esfuerzos de ventas y los mantienen lejos de las personas a cargo de las decisiones que aprueban tratos. La dificultad de pasar el bloqueo de los porteros es tan frustrante que muchas veces los buenos vendedores sencillamente se dan por vencidos. Puesto que no saben cómo tratar con los porteros, muchos profesionales de ventas se frustran tanto que comienzan a experimentar con trucos que, muy a menudo, los hacen ver como tontos. Es por estas estrategias que tantos porteros, incluida mi asistente, preferirían que les sacaran los dientes que tener que lidiar con vendedores.

Entonces ¿hay un secreto? Sé que esperas oírme decir sí, pero la respuesta es no. No hay secretos ni píldoras mágicas que te lleven más allá de los porteros. La cruda realidad es que, en las ventas, solo un selecto grupo podrá superar ese obstáculo. Pero es crítico entender que los porteros son personas como tú. Tienen emociones, preocupaciones, motivaciones y, al igual que tú, un jefe y un trabajo que hacer. Gracias a esto, tu éxito para entrar depende de una combinación de buenos modales, simpatía y una audaz comprensión de los negocios.

Proyecta una personalidad positiva, animada y extrovertida. Sé amable y respetuoso. Puedes estar seguro de que no tendrás éxito con los porteros si eres grosero, molesto o si tienes malos modales. Haz que siempre queden con una impresión positiva de ti y de tu compañía.

Por favor, usa "por favor". En el libro *The Real Secrets of the Top 20 Percent (Los verdaderos secretos del 20 por ciento superior)* el autor, Mike Brooks, sugiere que la única técnica más poderosa para poder superar a los porteros es usar *por favor* dos veces. Por ejemplo, cuando un portero recibe tu llamada puedes decir, "hola, habla Jeb Blount de SalesGravy.com. ¿Por favor, podrías conectarme con Bill Jenkins, por favor? Usar *por favor* dos veces es poderoso, y funciona porque muestra respeto y buenos modales.

Proporciona siempre información completa. Di quién eres, tu nombre completo y el nombre de tu compañía. Hacer otra cosa constituye un gran anuncio en neón con una flecha señalando hacia ti diciendo "vendedor molesto". Dar toda la información te hace ver profesional y, como alguien digno de poder llegar al jefe.

Los porteros son personas como tú. Y, al igual que tú, les agradan las personas que se interesan en ellos. Si sueles hablar con un portero en particular, asegúrate de preguntar cómo está. Aprende a escuchar su tono de voz y responder cuando escuches algo que no esté bien. Haz preguntas sobre sus familias y sus intereses.

Hay porteros con los que trato frecuentemente y los conozco mejor que a sus jefes. Cuando llamo, por lo general paso más tiempo hablando con ellos que con mi cliente. Gracias a estas sólidas relaciones, ellos se aseguran de que mis llamadas siempre tengan prioridad, de agendar mis citas y se hacen a un lado para ayudarme a lograr más negocios.

Nunca uses esquemas o trucos baratos. Los trucos no funcionan. Afectan tu credibilidad y terminarás en la lista negra de los porteros, y eso significa que tendrás que invernar en uno de los polos antes de poder entrar. Sé honesto con lo que eres y por qué estás llamando, y pide lo que quieres. Quizás no logres entrar la primera vez, pero apreciarán tu honestidad y te recordarán, lo cual juega un gran papel para abrir la puerta en el futuro.

Está presente

Es fácil distraerse en el exigente ambiente laboral de hoy. BlackBerries, iPhones, y los sistemas móviles hacen que miremos nuestros dispositivos todo el tiempo. Las llamadas a teléfonos móviles interrumpen conversaciones. El correo electrónico y la internet nos distraen mientras atendemos una llamada en el teléfono. El fallecido Jim Rohn dijo: "donde sea que te encuentres, está presente". Este es un consejo elemental cuando se trata de las relaciones interpersonales y la simpatía. Debes desarrollar la autodisciplina para apagar todo lo demás y mantener la concentración en la persona que tienes delante de ti.

No concentrarte en la persona con quien estás interactuando es la vía más rápida para ser desagradable. Si alguna vez has conversado con otra persona y esa persona mira hacia otra parte, se distrae con algo o con alguien, o interrumpe tu conversación para responder un mensaje de texto o correo electrónico, sabes lo irrespetado que te puede hacer sentir eso. Cuando sientes que la otra persona no te está escuchando, eso hiere tus sentimientos, te hace sentir poco importante, y, en algunos casos, hace que te enfades. Cuando interactúes con un cliente potencial, un comprador, un empleado, personal de tu equipo de trabajo o cualquier otra persona, está presente en el momento. Apaga todo, mantén la concentración y no dejes que nada te distraiga.

Sé entusiasta y seguro

El entusiasmo y la confianza van de la mano, porque son manifestaciones de convicciones, sentimientos y actitudes en nuestro interior. El entusiasmo por tu producto, servicio, compañía o industria, y la confianza en ti mismo y tu capacidad de cumplir con lo que prometes son rasgos agradables. El entusiasmo, en la medida correcta, es contagioso. La confianza, en su medida correcta da a los demás la sensación de seguridad en que tú sabes cómo resolver sus problemas.

Sé entusiasta

El entusiasmo es tener emoción o interés en lo que haces. Lo que hemos aprendido acerca de la naturaleza humana es que las personas responden de la misma manera. Si eres entusiasta respecto a algo, es muy probable que quienes te rodean también se entusiasmen. La buena noticia es que por lo general las personas entusiastas nos parecen agradables, y somos más inclinados a aceptar sus puntos de vista. Es por esto que el entusiasmo es una herramienta tan importante para los vendedores. Un viejo dicho afirma: "un vendedor sin entusiasmo es tan solo un empleado".

La pregunta que siempre surge cuando se habla de entusiasmo es: "¿cómo me entusiasmo con un producto, servicio, idea o compañía que no me emociona?". Primero, debes comprender que la gran mayoría de las personas en los negocios, no trabajan en industrias o con productos glamurosos. Desde luego, algunas personas trabajan para compañías como Apple, donde es fácil entusiasmarse con sus atractivos productos. Pero la mayoría de nosotros trabajamos para empresas en las que los productos y servicios son comunes. La clave aquí es encontrar algo de qué entusiasmarse. Un buen amigo mío vende cintas transportadoras. Tiene un sueldo de seis cifras, es uno de los mejores vendedores en su industria. Ha vendido cintas transportadoras por casi 20 años. Knox ama lo que hace. Es entusiasta y efusivo. Pero lo que lo emociona no son las cintas transportadoras. Le encanta trabajar con su base de clientes. Le entusiasma encontrar soluciones para los diversos problemas de ellos. Una de las maneras más rápidas de ser entusiasta es aprender a apreciar las cosas que te emocionan de tu compañía, producto, servicio o carrera. Entrénate para buscar y encontrar lo positivo en cada situación y concéntrate en ello.

Si nada te entusiasma en tu condición actual, sugiero que busques otra cosa para hacer, y hazlo pronto. Los clientes potenciales, los compradores, los gerentes y tus colegas notan cuando no tienes entusiasmo. Como Vince Lombardi dijo en su conocida frase: "si no estás encendido con entusiasmo, te despedirán con entusiasmo". Pero es probable que no todo sea tan malo y lo que necesitas es activar la bomba de entusiasmo. Eso quiere decir que quizás debas fingir hasta que lo sientas, demostrando la actitud entusiasta que quieres crear. En otras palabras, quizás debas actuar por un tiempo, hacer tu papel. Dale Carnegie dijo que, cuando actúas con entusiasmo, te vuelves entusiasta. Así funciona porque cuando actúas de cierta manera durante el tiempo suficiente, inconscientemente esas acciones terminan definiendo lo que eres y en lo que te conviertes.

Sé seguro

Una de las claves más importantes y que suele ser pasada por alto para lograr que la gente te compre a ti es tu autoconfianza. Piénsalo, ¿disfrutas estar cerca de personas inseguras? Lo mismo sucede con tus clientes potenciales y compradores.

La autoconfianza es un equilibrio. En un extremo del espectro hay quienes tienen una total carencia de confianza. Estas personas débiles no son agradables, y también son ineficientes en la mayoría de lo que emprenden. En el otro extremo del espectro, hay demasiada confianza. Las personas arrogantes, aunque a veces exitosas, son rechazadas y con el tiempo terminan estrelladas y quemadas. Las personas seguras son muy agradables. Nos gusta estar rodeados y relacionados con personas seguras porque tienen apariencia de exitosas. La seguridad la impulsan tu autoimagen, tus conocimientos del producto, tu actitud, tu manera de vestir, tu salud e incluso tu espiritualidad. Tu nivel de seguridad crece o disminuye de manera natural dependiendo de situaciones específicas. Sin embargo, las personas seguras tienen una confianza subyacente en sí mismas, la cual trasciende los problemas de situaciones específicas. Esta autoconfianza es la que les da la capacidad de ser adaptables al entorno impredecible que las rodea.

Esta confianza interior es la certeza de saber que, a pesar de las circunstancias, encontrarán la manera de triunfar. Quizás la mejor descripción de esto es la reconocida frase de Henry Ford: "si crees que puedes hacerlo o que no puedes, tienes la razón". Tu aptitud para desarrollar confianza juega un papel crítico en tu carrera de ventas. Por desgracia, como bien lo sabes, la confianza es una emoción complicada que involucra muchas influencias internas y externas. Pero eso no importa, puedes aprender a desarrollar y mantener confianza. Sin embargo, requerirá tiempo y persistencia. Habrá muchos altibajos. De hecho, en ocasiones te sentirás atrapado entre contradicciones. Por ejemplo, si estás en una difícil situación económica, será natural que tu confianza se vea afectada, así te veas obligado a recuperarla para tener alguna posibilidad de salir de tu dificultad. Solo pregúntale a cualquier bateador de ligas mayores o profesional de ventas cuyo promedio de bateo haya disminuido, y te lo explicarán.

La buena noticia es que ahora mismo tienes el poder en tu interior para desarrollar confianza, así no te sientas de ese modo en este momento en particular. El proceso de mejorar o desarrollar tu confianza es tan simple como lo que eliges. Tú decides lo que crees acerca de ti mismo y de tus habilidades. Eliges cómo te acercarás a otras personas. Eliges mejorar los conocimientos que tienes acerca de tu producto e industria. Eliges invertir en ti mismo, tu mente, cuerpo y espíritu.

¿Qué crees de ti mismo y tu capacidad para triunfar? ¿A qué le temes? Es fácil identificarlo. Escucha lo que te dices a ti mismo. Por encima de todo lo demás, lo que te dices a ti mismo tiene más impacto en tu confianza que cualquier otra cosa. Siempre hablamos con nosotros mismos. Esta conversación interna o nos anima, dándonos valor y seguridad o nos desanima. Si te dices cosas negativas que minan tu confianza, entonces estás creando tus propios problemas y debes detenerte.

El temor, la incertidumbre y las dudas son el tema de la mayoría de las conversaciones que tenemos con nosotros mismos. Se dice que el as de la Primera Guerra Mundial, Eddie Rickenbacker, dijo: "valentía es hacer algo que temes". También dijo que la valentía no puede existir sin temor. Rickenbacker creía que el temor era natural y que superar el temor era lo que creaba la valentía. Para él, estaba bien sentir miedo, pero no era correcto dejar que el temor nos detuviera. Con el tiempo, quienes desarrollan valor y aprenden a ser valientes, cosechan los mejores triunfos y recompensas.

Desarrollar coraje en lugar de huir del miedo te ayuda a mejorar tu confianza. Rickenbacker tenía razón. El temor es necesario para el valor. Cuando aprendes a usar el temor para practicar y crear de manera sistemática un cimiento firme de valentía, con el tiempo la autoconfianza se hace inquebrantable. Así como un fisicoculturista usa el hierro para crear masa muscular, el secreto es usar el temor para ejercitarte y desarrollar confianza.

Cuando un fisicoculturista comienza a ejercitarse, usa pesos livianos. Poco a poco, día tras día, repetición tras repetición, va añadiendo pesos hasta que llega a levantar, dos, tres o cuatro veces el peso con el que comenzó. Así mismo, tú puedes crear un cimiento firme de valentía y confianza. Solo da pasos cortos. Es claro que no hay manera de superar todos tus temores. Sin embargo, cuando tu misión sea superar cada una o dos cosas que te generan temor, harás un verdadero progreso. Haz seguimiento de tus logros para crear autoconfianza. Pronto, avanzando un poco cada día, tu seguridad se fortalecerá.

Invierte en ti mismo

Mantener un comportamiento seguro y entusiasta es difícil en el rudo ambiente de los negocios del siglo veintiuno.

La tecnología y las comunicaciones han aumentado la velocidad de este entorno y han nivelado el campo de juego entre los competidores. El ritmo de los negocios en el entorno
actual es más rápido que nunca en la historia humana. Esto
es especialmente cierto para quienes trabajan en ventas. La
presión de vender y la exigencia de tener buen rendimiento
es implacable. Debes tener resultados o serás despedido. Las
compañías exigen más productividad, ciclos de venta más
cortos, y márgenes más altos. No cumples con tus números
y estás fuera. Supéralos y serás un héroe. Ya no te juzgan
por lo que has hecho, sino por lo que hiciste hoy. La factura
mental y física sobre los esforzados profesionales de ventas y
negocios puede ser brutal.

En un día típico, la mayoría de los vendedores comienzan en las primeras horas de la mañana. Muchos tienen que
alistar a sus familias antes de siquiera comenzar a pensar en
sus actividades de ventas. Incluso puedes ser un padre o una
madre soltera haciendo malabares con las responsabilidades
de la paternidad, y un trabajo en ventas de tiempo completo.

Cuando sales hacia la oficina, comienzas tu día buscando
clientes potenciales y haciendo seguimiento a otros. La con-
secución de clientes genera muchas respuestas negativas, y
cada, no, cada rechazo, mina tu confianza.

Luego tienes citas, haces presentaciones, recorres instalaciones, haces preguntas, reúnes información, das demostraciones y muestras de productos, soportas conversaciones con
tus clientes en almuerzos y cenas, haces propuestas y cierras
tratos. A veces escuchas un "sí". En muchas ocasiones escuchas un "tal vez". Pero, como trabajas en ventas, es mucho
más frecuente que escuches "no, no, no". Cada no te quita
un poco de confianza y entusiasmo.

Por último, después de un día de batalla en las calles, vuelves a la oficina y luchas por tus clientes. Quitas obstáculos, tratas con personas negativas y resuelves problemas. Tratas con órdenes devueltas. Hablas con tu jefe. Luchas en la oficina. Luchas por que te aprueben contratos, por aprobaciones de crédito y muchas veces por comisiones o bonos. Cada problema, cada obstáculo, afecta tu actitud.

Al final del día vas a casa. Tratas con tu cónyuge, tus hijos, tus mascotas, tus vecinos, las cuentas y un millón de cosas más. La energía disminuye, tu sistema de creencias se deteriora y el estrés pasa su factura sobre tu cuerpo.

Todas estas cosas y muchas más conspiran afectando tu confianza y entusiasmo. A fin de combatir esto, debes tomar medidas para invertir en ti mismo: mente, cuerpo y espíritu. Para no perder ni la confianza ni el entusiasmo, debes tomar tiempo para recargar energías y construir tu actitud positiva.

Invierte en tu mente

Gandhi dijo: "deberíamos vivir como si fuéramos a morir mañana y aprender como si fuéramos a vivir para siempre". He observado que los profesionales de negocios que constantemente ejercitan su intelecto son más felices, más motivados, más seguros, y, sin duda, más agradables que sus pares. Ellos aprovechan cada programa de entrenamiento que ofrece su compañía y siempre son los primeros en la fila cuando tienen la oportunidad de aprender algo nuevo. Invierten su propio dinero en seminarios y talleres para mantener al día y afinadas sus destrezas. Siempre están leyendo y rara vez los sorprendes sin un libro. Se suscriben a revistas electrónicas semanales, revistas de comercio, y publicaciones de negocios para estar al día con sus industrias. Estos profesionales entienden que, al invertir en sus mentes, adquieren los conocimientos y habilidades que mejoran su confianza y sus habilidades para solucionar problemas.

Invierte en tu cuerpo

Las ventas y los negocios son un juego mental. Pensar exige una gran cantidad de energía. Tu energía física limita tu energía mental, así que, si tienes una buena condición física, impulsarás tu energía mental. Estudios importantes han demostrado que el ejercicio frecuente mejora el pensamiento creativo, y equipa para reponerse del inevitable rechazo. Tener un buen estado físico también te hace ver bien. Cuando te ves bien, te sientes bien. Los clientes potenciales y los compradores te juzgan según tu apariencia física. Ellos quieren hacer negocios con los ganadores, y los ganadores se ven y se sienten seguros.

Invierte en tu espíritu

He entrevistado a cientos de ejecutivos de negocios sobre el tema de la espiritualidad. En su esencia, estas personas de gran éxito, todos de diferentes trasfondos, creen que algo o alguien mayor que ellos mismos trabaja en sus vidas. Ellos creen que todo en la vida está conectado, y tienen fe en que todo sucede por una razón. Creen que un bien mayor está buscándolos y quiere abundancia para sus vidas. Creen que el espíritu necesita ser nutrido, ejercitado y requiere atención constante.

En esencia, invertir en tu espíritu es una inversión en un sólido sistema de creencias. Tu sistema de creencias determina tu actitud, perspectiva y confianza. Por ejemplo, si, al igual que los triunfadores mencionados en el párrafo anterior, crees que todo sucede por una razón, tu perspectiva y actitud ante eventos potencialmente negativos será optimista. En lugar de lamentarte, "¿por qué a mí?" preguntas, "¿cómo puedo aprender de esto?". Las creencias tienen un impacto directo en tu confianza, entusiasmo, simpatía, así como en la calidad de tus relaciones.

Autenticidad

En situaciones de negocios, suele ser tentador pretender ser alguien o algo que no eres. Cuando sientes esta tentación, es tu ego hablando. Es un deseo de superar tu falta de confianza siendo engañoso o falso. La inseguridad es la esencia de la falta de autenticidad. El decirte cosas negativas a ti mismo y pensar inconscientemente que no eres lo suficiente bueno te tienta a decir o hacer cosas para compensar esos sentimientos. La mayoría de las personas tienen el don de la intuición de ver esto con claridad. Saben cuándo las cosas no parecen aportar, o si pareces falso. Cuando lo hacen, tu confiabilidad e integridad son cuestionadas de inmediato, y esto disminuye tu capacidad de crear conexiones. Piénsalo. Cuando alguien no es auténtico contigo, ¿cómo te sientes?

La autenticidad es el hijo de la confianza. Cuando desarrollas y mantienes autoconfianza, superas la tentación de pretender ser algo o alguien que no eres para agrandar tu ego. Tienes suficiente confianza en ti mismo para "ser real" y ser tú mismo. En términos de simpatía, ser tú mismo equivale a ser humano, que es mucho más agradable de lo que muchos suponen. También es más fácil porque decir la verdad no exige esfuerzo.

Sin duda, los entornos de negocios requieren un nivel mayor de profesionalismo. En estas situaciones, ser tú mismo no significa actuar como harías con un grupo de amigos colegas. Los buenos modales, el respeto y la etiqueta siguen siendo importantes. Necesitarás tener un equilibro entre ser real y las habilidades que te permitan ser sensible y diplomático.

Cómo hacer que las primeras impresiones perduren

Es importante notar que la simpatía puede ser fugaz. En las nuevas relaciones, las primeras impresiones se transforman en impresiones duraderas cuando tu comportamiento permanece consistente. Una observación grosera, un acto desconsiderado, un desliz en tu confianza, o perder el temperamento, pueden cambiar rápidamente las primeras impresiones en negativas y duraderas. En las relaciones de negocios, nunca olvides que siempre estás en el escenario y los demás te están observando. En un mundo imperfecto con personalidades imperfectas y circunstancias impredecibles, debes usar la autodisciplina y estar atento para asegurarte de tener un manejo constante de los elementos de simpatía que siguen estando bajo tu control.

Sin duda, cuanto más tiempo lleve y más conectada llegue a ser tu relación, más concesiones y más libertad te darán. Esto no quiere decir que puedes dar por sentadas esas relaciones. En los negocios, esa es la manera más rápida de perder. Las mismas acciones que te ayudaron a dar una primera buena impresión, repetidas una y otra vez, hacen que esas esas relaciones se mantengan ancladas y provechosas. Exploraremos el anclaje con más detalles en el capítulo 7.

Resumen

La simpatía es la puerta de entrada a las conexiones. Los profesionales exitosos en los negocios son agradables. Son de buen ánimo, amables y demuestran una actitud positiva y segura. Se sienten bien consigo mismos y creen que tienen la capacidad de resolver los problemas de sus clientes. Saben que son buenos en lo que hacen y sus clientes también lo saben. Gracias a esas cualidades de simpatía, sus clientes potenciales y sus compradores actuales están abiertos a tener conexión con ellos, y esas conexiones llevan a relaciones provechosas a largo plazo.

4

CONÉCTATE

E stando en su segundo año de universidad, Jennifer decidió hacer parte del personal del periódico estu-diantil trabajando como vendedora. Como estaba estudiando negocios, pensó que la experiencia sería una adi-ción valiosa a su naciente currículo. El periódico pagaba una pequeña comisión por ventas de publicidad, y ella esperaba ganar con ello algo de dinero extra.

El primer día de trabajo, se reunió con el editor para con-versar sobre las cuentas de publicidad. Durante la reunión, preguntó sobre el concesionario Ford que se encontraba cerca del campus. El editor simplemente meneó la cabeza y dijo, "no desperdicies tu tiempo allá. El propietario del concesionario se enfadó con nosotros hace unos años y no quiere comprar más publicidad". Después de su reunión con el editor, Jennifer salió desafiante y se dirigió directo al concesionario donde preguntó por el propietario.

"Odio cuando alguien me dice que algo es imposible. Únicamente podía pensar en que debía haber alguna manera de lograr que un gran concesionario tan cerca del campus comprara un anuncio en nuestro periódico. El propietario estuvo dispuesto a recibirme y, una hora después, salí con una orden. En realidad fue fácil", dijo en forma casual.

Conocí a Jennifer en una fiesta de coctel después de una charla que había dado para su compañía. Su jefe nos presentó y dijo que ella era una de sus mejores vendedoras. Tenía una personalidad alegre y era agradable. Me relató la historia, porque le pregunté cómo había decidido seguir una carrera en ventas. Como la mayoría de los profesionales de ventas, terminó su relato diciéndome lo fácil que era hacer algo que para otros, como el editor del periódico, era imposible. Le pedí más información.

"Espere un minuto", dije. "¿Entró a una empresa con la que ningún otro empleado del periódico había podido cerrar un trato, donde, según se informaba, el propietario era un hombre malhumorado, y salió con un trato, el primer día de trabajo? ¡Eso es increíble! Esta anécdota debe tener más detalles. ¿Exactamente, qué sucedió en esa reunión?"

Ella se encogió de hombros. "Solo dejé que hablara". "¿De qué hablaron?", pregunté. "Hablamos de él", dijo. "Durante casi toda la reunión, me dijo por qué se había enojado tanto con el periódico. Dijo que ellos no respondían y no mostraban respeto por su concesionario, al menos no el que él consideraba que merecía. Él expresó todo y yo solo escuché. Al comienzo estuvo agitado, pero luego se tranquilizó. Dijo que sí quería hacer publicidad con el periódico, porque los estudiantes eran buenos compradores de autos usados, pero nadie lo había buscado para conversar acerca del asunto, y él estaba muy enfadado como para llamar.

"Yo le dije: 'el trato que ha recibido de mi periódico no es justo. Su concesionario era una cuenta muy importante para nosotros y usted merecía más atención'. Luego pregunté: '¿aceptaría que yo fuera su principal contacto, si llegara a necesitar algo, puede llamarme directamente?'"

"Comenzó a sonreír y dijo, 'usted me agrada'".

"Dijo que compraría más anuncios siempre que pudiera negociar conmigo. Luego hizo su orden. Cuando volví al campus y mostré la orden al editor, no pudo ocultar su asombro".

Al considerar su relato, pensé "eso es que *la gente compra por usted* ". El propietario del concesionario no le hizo una compra a un periódico, ni cediendo a una presentación de ventas ni por un precio. Le hizo la compra a Jennifer, porque ella era agradable, lo escuchó, lo hizo sentir importante y resolvió su problema.

Conexiones reales

Casi todo el mundo tiene alguien en su vida con quien hay una verdadera conexión perdurable. Esas relaciones conectadas suelen ser con cónyuges, mejores amigos o familiares, y se caracterizan por descripciones como, "ella es alguien con quien puedo hablar de todo". O "él conoce todo de mí, todos mis secretos". Cuando tienes problemas en tu vida, estas son las personas a quienes acudes en busca de ayuda, porque sabes que te van a escuchar. Como te escuchan, sientes que puedes expresar la situación tal como la estás viviendo, tus verdaderos sentimientos y problemas, en lugar de ocultarlos, como haces con los demás.

Desde luego, ese tipo de conexiones son personales y diferentes a las relaciones de negocios. Sin embargo, los principios son los mismos. En todas las relaciones, de negocios y personales, cuanto más conectado te sientas con otra persona, más dispuesto estarás a revelar tus verdaderos sentimientos y problemas. Como ya lo mencioné, en su esencia, los negocios consisten en que una persona resuelve los problemas de otra. El desafío es descubrir problemas para solucionarlos. Si las personas no sienten conexión contigo, serán renuentes a decirte sus verdaderos problemas y a revelar las emociones que sienten frente a esos problemas. Así como la simpatía es la puerta de entrada a las conexiones (y por ende a todas las relaciones), el crear conexión abre la puerta a la solución de problemas, así como a la confianza.

El problema con la empatía

El diccionario define la *empatía* como la *capacidad de identificarse con alguien y compartir sus sentimientos*. Según Wikipedia:

Empatía es una de las características más importantes de la interacción humana inconsciente. Es tener una perspectiva en común; estar "en sincronía" con, o estar "en el mismo sentir" con la persona con quien se está hablando. Hay varias técnicas que deberían ser benéficas para la construcción de empatía, como: tener el mismo lenguaje corporal (por ejemplo, postura, gestos, y cosas similares); mantener contacto visual y un mismo ritmo en la respiración. Algunas de estas técnicas se exploran en la programación neurolingüística.

La empatía es un concepto popular y ubicuo. En casi todos los cursos de entrenamiento en ventas y liderazgo se incluye un módulo de empatía. Encontrarás capítulos sobre empatía en casi todos los libros de ventas. Hay cientos de libros y seminarios dedicados exclusivamente a este concepto. Una búsqueda en Google acerca de cómo construir empatía arroja millones de resultados. A pesar de todo esto, la empatía está entre los conceptos más malinterpretados y mal aplicados en los negocios. Pídeles a 10 vendedores que te expliquen la empatía y tendrás 10 respuestas diferentes.

En esencia, empatía es estar en sincronía con otra persona, siempre que puedas influenciar su comportamiento. El proceso de crear empatía está diseñado para desarrollar un área común con otra persona reflejando y coincidiendo el lenguaje corporal, el tono y la velocidad de la voz, los patrones de lenguaje, el movimiento de los ojos e incluso la respiración. A su tiempo, según los expertos, cuando tienes verdadera empatía con alguien, tienes la capacidad de guiar y cambiar sus patrones de comportamiento. Muchos expertos en empatía afirman que la verdadera clave para las relaciones y la influencia es un proceso llamado programación neurolingüística (PNL), que encarna estas técnicas, incluyendo coincidir con los patrones de lenguaje, el movimiento de los ojos, los gestos faciales y más.

El problema con la empatía es que es muy difícil y complejo tener la sincronía suficiente con otra persona como para influenciar sus comportamientos. No estoy diciendo que sea imposible para quienes estén dispuestos a dedicar años de práctica para ser competentes en técnicas de PNL. Sin embargo, la realidad es que, a pesar de las promesas de los expertos, estas técnicas son mucho más complicadas para las personas normales. Pocos profesionales de ventas tienen el tiempo o el deseo de hacerse expertos en descifrar patrones de palabras, movimientos oculares y expresiones faciales. Aprender a reflejar con eficacia y de manera discreta los comportamientos de las personas según su estilo de comunicación (auditivo, visual, o cinestésico), parece muy interesante en un seminario, pero rara vez funciona en situaciones de negocios del mundo real y con personas reales.

Esto no quiere decir que esté mal encontrar un área en común. Todo lo contrario. Cuanto más tenemos en común con los demás, más fácil es agradarles. Si encuentras algo en común, úsalo para tu ventaja creando una conexión con la otra persona. El dilema es que buscar un área en común usando la empatía suele ser incómodo, parecer falso y manipulador. Para empeorar las cosas, están las legiones de vendedores que confunden una pequeña conversación al comienzo de su llamada de ventas con la construcción de empatía. Siguiendo la instrucción de entrenadores de ventas mal informados, hacen comentarios tontos acerca de cualquier objeto en la oficina de su cliente potencial, como si eso fuera suficiente para iniciar una relación. Muchos vendedores se limitan a seguir la inercia para tachar el punto de construcción de empatía en su lista de proceso de ventas, a fin de poder llegar a la venta en sí.

Los compradores no se dejan engañar. Esos flojos intentos de construcción de empatía los consideran innecesarios y falsos. Con el tiempo, se hacen inmunes a los esfuerzos de generación de empatía. Para algunos resulta divertido. Un amigo mío es comprador en una empresa de producción. En su oficina, tiene la foto más fea que jamás hayas visto. La tiene ahí por una razón: para ver cómo los vendedores se humillan a sí mismos haciéndole preguntas acerca de la foto en un intento por crear empatía. Si quieres que la gente te compre a ti, olvida la empatía. Elimina esa palabra de tu vocabulario. En lugar de eso, concéntrate en crear conexión.

El verdadero secreto para crear conexión

Una cita de Abraham Lincoln resume muy bien por qué la empatía como estrategia no funciona. Lincoln dijo, *"si vas a ganar a un hombre para tu causa, primero convéncelo de que eres su amigo sincero"*. La empatía está diseñada no para desarrollar relaciones de confianza, sino para influenciar el comportamiento. La empatía en su forma más pura es manipulativa.

Las personas que se sienten manipuladas desconfiarán de tus motivaciones, no importa cuán genuinas sean, y nunca se sentirán conectadas contigo. Por otra parte, la conexión está diseñada para ganarse a los demás al enfocarse en ellos. La estrategia más efectiva para ganarse a los demás (convencerlos de que eres su amigo) es ayudándoles a obtener lo que desean.

El deseo humano más insaciable y el más profundo anhelo, es sentirnos valorados, apreciados e importantes. Por tal razón, la clave para crear conexión y ganar la confianza de los demás es muy sencilla: *haz que se sientan importantes*. El verdadero secreto para hacer que los demás se sientan así es algo que tienes a tu disposición ahora mismo. *Es escuchando*. Escuchar es algo poderoso. Precisamente, esa fue la razón por la que Jennifer, en el relato inicial de este capítulo, salió del concesionario como una ganadora. Es sencillo, mientras más escuchas, más conectados se sentirán los demás contigo. Cuando escuchas, haces que las personas se sientan importantes, valoradas y apreciadas.

Por desgracia, hoy en día nadie escucha. Creo que esta es una acusación cruda y general para casi todo el mundo, pero es verdad. ¿Por qué? Porque preferiríamos pensar en, y hablar de, nosotros mismos, nuestros deseos y necesidades, nuestros logros y nuestros problemas. Esto es fácil de observar. Solo ve a un evento de desarrollo de redes, alguna reunión de negocios o una convocación de ventas. Si los presentes no están hablando de sí mismos con los demás, para expresar su propio punto de vista importante y centrado en ellos mismos, están esperando impacientes que la otra persona deje de hablar para ellos comenzar a hacerlo. La gran mayoría de las personas, en especial los vendedores, nunca hacen el esfuerzo de escuchar, con sinceridad a los demás. No les gusta escuchar porque hacerlo no les hace sentir importantes. Gran parte del tiempo, cuando no están hablando, están pensando en lo que van a decir. Créeme, tú eres tu persona favorita, y no es tu culpa, hace parte de la naturaleza humana, pero es un obstáculo para crear conexiones con los demás, en especial en los negocios.

El verdadero poder para comprender este concepto y usarlo a tu favor está en crear conexiones. El deseo de sentirte importante, valorado y apreciado es más insaciable que cualquier otro anhelo humano. Al igual que tú, cuando alguien habla de sí mismo y hay otra persona escuchando, eso hace que se sienta importante. Y aunque escuchar requiere autodisciplina, abnegación, práctica y paciencia, no es complicado. Esa es la belleza de crear conexión. A diferencia de la complejidad de la empatía, para crear conexión debes escuchar a tu prospecto, a tu cliente, tu comprador, a tu jefe y a tus pares.

Haz preguntas

Thomas Freese, autor de *Question Based Selling (Ventas a base de preguntas)*, enseña que "una pregunta que haces es más importante que cualquier otra cosa que digas". Las preguntas inician conversaciones, revelan problemas y demuestran que estás prestando atención y escuchando. Las preguntas son de suma importancia para crear conexión, porque con ellas le das a la otra persona la oportunidad de hablar. En el siguiente capítulo, aprenderás a usar las preguntas para descubrir problemas. En esta sección, aprenderás a usarlas para crear conexión.

Haz preguntas fáciles

En relaciones ya existentes, las preguntas pueden ser tan simples como: "hola, John, ¿cómo está tu familia?". Puesto que ya se conocen el uno al otro y han establecido una relación, tendrás puntos de entrada fáciles. ¿Pero qué puedes hacer la primera vez que te reúnes con un cliente potencial o alguien en un evento de desarrollo de redes? ¿Cómo deberías iniciar la conversación? Imagina que un desconocido te aborda en la calle y comienza a hacer preguntas personales. ¿Cómo te sentirías? ¿Qué dirías? ¿Qué tan rápidamente elevarías tu muro emocional, o intentarías alejarte y correr en la dirección opuesta? Imagina cómo se siente un cliente potencial la primera vez que se encuentra con un vendedor. Sabe que la mayor motivación de esa persona es primordialmente hacer una venta. Debido a esto, en su mente se prepara para evitar desarrollar empatía y no ser manipulado. El vendedor entra a su oficina y comienza a acribillarlo con preguntas personales y de negocios, diseñadas para crear empatía. Es natural que pongamos un muro emocional cuando un extraño comienza a hacer preguntas difíciles, y nuestros prospectos tienen muy bien organizado el suyo. Con el muro de por medio, la conversación no tardará en estancarse, de modo que el vendedor pasa a terreno más cómodo y comienza a hablar de sí mismo, y luego hacer su propuesta de venta. El resultado es que no hay conexión, no hay un problema resuelto y no hay ninguna venta.

La clave para atravesar ese muro es iniciar conversaciones con preguntas fáciles de responder para tu cliente y que sean agradables al responder. Cuando comience a hablar, dale toda tu atención. Eso es lo más importante. Cuando alguien tiene toda tu atención, haces que se sienta bien, y eso refuerza la respuesta que estás recibiendo con una recompensa positiva (un comportamiento que da una recompensa positiva tiende a repetirse), lo cual hace que tu prospecto desee responder a más de tus preguntas, reduciendo la altura del muro. Cuanta más atención prestes a la otra persona, y tengas un interés genuino en lo que está diciendo, más valiosa e importante se sentirá. Cuanto mejor se sienta, más deseará hablar. Cuanto más hable, más conexión sentirá contigo. Al tener esa conexión, el muro seguirá cayendo hasta que te ganes el derecho de hacer las preguntas más profundas y estratégicas que te ayudarán a descubrir sus problemas.

¿Qué son las preguntas fáciles? Las preguntas fáciles no son muy personales ni de sondeo, y dan a la otra persona un tema real de qué hablar. Observa que la pregunta debe ser sincera. Hacer preguntas superficiales acerca de cualquier objeto en el escritorio resulta inútil. Es evidente que no es sincera y no te da espacio para hacer otras preguntas de seguimiento que mantengan la conversación en movimiento y sigan derribando el muro. Una de las preguntas fáciles que más uso cuando me reúno con un cliente potencial por primera vez es: "¿por cuánto tiempo ha estado trabajando acá?". Si dice "20 años", eso me da la oportunidad de reconocer el logro (dándole aprobación y haciendo que se sienta valorado). Luego, hago seguimiento con: "¡sin duda ha visto muchos cambios!", con eso, se abre la compuerta. Por otra parte, si dice, "seis meses", puedo preguntar ¿por qué decidió trabajar acá?" Así conozco sus motivaciones, aspiraciones profesionales y trasfondo. Esto da la oportunidad para tener un amplio surtido de preguntas de seguimiento, lo que a su vez hace que el cliente potencial se sienta importante, siga hablando y baje su muro emocional.

Las áreas en común son otra fuente de preguntas fáciles. Si tu cliente potencial revela algo que los dos tiene en común, (fueron a la misma escuela, viven en el mismo vecindario, tienen un amigo en común, tienen el mismo pasatiempo, o cosas similares), tendrás un punto de partida natural para hacer preguntas fáciles. El peligro con tener algo en común es que puede ser tan familiar y cómodo que, en lugar de permitir que tu cliente hable, seas tú quien se apodere de la conversación. Cuando comiences a hablar demasiado sobre el tema, con la ilusión de que tu cliente potencial te perciba como alguien conocedor, habrás roto la conexión. Créeme, nadie quiere escucharte hablar, porque todos quieren escucharse a sí mismos. Cuando converses sobre un tema que tengas en común con tu cliente potencial, trata de no usar afirmaciones para demostrar que conoces del tema. En lugar de ello, haz preguntas inteligentes relacionadas con el tema para que siga hablando. No olvides que una pregunta es mucho más importante que cualquier otra cosa que digas.

Está preparado

La tecnología y la internet han hecho que reunir información acerca de otras personas sea tan fácil como escribir unas pocas palabras en Google. Cuando tengas la oportunidad, prepárate antes de tu reunión haciendo una búsqueda acerca de la persona con la que te vas a reunir. Busca logros o eventos de los que pueda sentirse orgulloso, pero que no sean demasiado personales o profundos. Cuando preguntes acerca de logros, dale a la otra persona un tema fácil de tratar haciendo que al mismo tiempo se sienta importante. Así estás demostrando interés y prestando atención, y eso les hace sentir apreciados y valorados. Todos tenemos una profunda necesidad de aprobación por nuestras acciones y logros. Esta necesidad es constante y nunca está satisfecha por completo. Cuando elogias los logros de los demás, alimentas su autoestima. El autor de éxitos de librería y orador, Brian Tracy, dice: "las personas que siempre buscan oportunidades para expresar aprobación son bienvenidas dondequiera que van". Con algo de esfuerzo, puedes desarrollar un conjunto de preguntas fáciles, que sean apropiadas en diferentes situaciones y diseñadas para hacer que los demás hablen.

Escucha

¿Alguna vez has visto con cuánta frecuencia tienes una conversación con tu cónyuge, amigos, hijos, jefe, clientes potenciales, o compradores, y poco después, uno de los dos discrepa de lo dicho o acordado? Si de verdad lo piensas, verás que suele suceder. ¿Cómo es esto posible? Los dos estaban presentes, ya sea por teléfono o frente a frente, y cada uno se marcha con una comprensión diferente de lo sucedido.

De una u otra forma, casi todos los libros sobre ventas reconocen que escuchar es la clave para el verdadero éxito. En entrenamientos de ventas y liderazgo, los profesionales de negocios aprenden sobre habilidades de comunicación y escucha. Hay miles de seminarios, libros y programas de audio dedicados a la comunicación y la escucha (una búsqueda en Google arrojó 13 millones de resultados para habilidades de escucha y hay más de 10.000 de libros sobre escucha listados en Amazon). Sin embargo, una y otra vez, conversación tras conversación, los mensajes se mezclan y surgen los desacuerdos. Una de las partes se pregunta en voz alta: "¿por qué nadie escucha?".

Cuando estaba en cuarto grado, mi maestra, la señorita Gibbons, nos llevó a todos fuera del aula un cálido día de primavera. Nos hizo organizar en fila, éramos unos 25 niños, y en un extremo de la fila leyó susurrando al oído del primer niño un mensaje escrito en una tarjeta. Ese niño debía susurrar el mismo mensaje a la siguiente persona en la fila. El proceso continuó, cada niño susurraba el mensaje al siguiente en la fila hasta llegar al final. Luego, la señorita Gibbons hizo que el último niño repitiera el mensaje en voz alta para que todos lo oyéramos. Hubo muchas risas. Todos meneábamos la cabeza. Lo que dijo el último niño no coincidía con lo que habíamos pasado. Por último, la maestra leyó lo que tenía escrito en la tarjeta. Las palabras que dijo fueron extrañas para casi todos, salvo para los que estaban en los primeros lugares de la fila. Tras 25 repeticiones, el mensaje había cambiado tanto que ya no se asemejaba al original. Puedo recordar con claridad lo asombrado que quedé. La demostración de lo malos que somos para escuchar fue tan poderosa que no la he olvidado durante los últimos 40 años. La recuerdo cada vez que hay una ruptura en la comunicación, la cual, de hecho, es una ruptura en el proceso de escucha.

A pesar de todo lo que se ha enseñado y lo que sabemos sobre el tema, escuchar sigue siendo el enlace más débil en las interacciones humanas. Sin duda es probable que esto ya lo sepas, porque estás interactuando con personas que no te escuchan. Es probable que alguna vez te hayas enojado y dicho: "¿por qué nadie me escucha?" o "¿Qué debo hacer para transmitir mi mensaje?" o "¡mis hijos (esposo, esposa, amigos, empleados) no escuchan lo que estoy diciendo!". Es frustrante y te hace sentir despreciado y minusvalorado. Hiere tus conexiones. Pero, si hay una buena noticia, es que no estás solo. Es humano sentirse así. Pareciera que nadie es-

cucha a nadie, y que todo el mundo estuviera frustrado. Todos queremos que nos escuchen. Gritamos en silencio desde
nuestro interior: "¿puede alguien escucharme?".

La pregunta es: "¿Por qué sucede esto y qué podemos hacer al respecto?". La respuesta es tan sencilla como compleja. La razón por la cual no escuchamos es que esto requiere
esfuerzo y concentración, mientras que *no escuchar* es fácil. Es
difícil apagar todo el ruido distractor; no es fácil ser paciente
y esperar nuestro turno; es difícil no mirar nuestro móvil o
la pantalla de la computadora o la televisión; y es muy, muy
difícil apagar nuestros pensamientos durante el tiempo suficiente como para prestar verdadera atención a otra persona.

Por otra parte, es mucho más fácil hablar. Hablar nos hace
sentir importantes. De hecho, es tan fácil, que hablar en lugar de escuchar es un mal hábito arraigado en la mayoría de
las personas. La realidad es que dedicamos cerca del 95 por
ciento de nuestro tiempo pensando en (o hablando acerca
de) nosotros mismos, y escuchando nuestros propios pensamientos. El otro 5 por ciento del tiempo tratamos de desha-
cernos de problemas para poder volver a pensar en nosotros.

Entonces, ¿cómo podemos cambiar este terrible hábito
que inhibe nuestra capacidad de crear conexión y resolver
problemas? ¿Leyendo libros sobre habilidades de escucha?
¿Yendo a una capacitación para escuchar? ¡No! La respuesta
es sencilla: prestando atención a la otra persona. Asombroso,
¿no crees? Si quieres escuchar mejor, dale toda tu atención a
la otra persona. En otras palabras, *está presente*. Ten un interés
genuino en la otra persona y presta atención a lo que dice
usando todos tus sentidos.

Suena simple, ¿verdad? Bueno, en realidad no lo es. Es
fácil decir: "dales a los demás toda tu atención", pero es muy
difícil hacerlo. Durante toda tu vida, has desarrollado el há-

bito de estar absorto en tus pensamientos. Apagar todo en tu cabeza, tener un genuino interés en otra persona, darle toda tu atención, y *de verdad* escucharla, serán los hábitos más difíciles de romper. Vas a necesitar fe en que escuchar sí mejorará tus relaciones, tus ingresos y tu carrera. Debes creer que, cuando escuches, crearás conexiones más sólidas. También tendrás que dominar el impulso de hablar y reconocer que hablas, porque eso te hace sentir importante.

Cuando te comprometas a dar a los demás toda tu atención, y escuchar de verdad, tu carrera prosperará y tus ventas aumentarán. Sabrás con exactitud qué es lo que quieren tus clientes. Cuando tomes tiempo para concentrarte, apagues tus pensamientos, y prestes verdadera atención a los demás, en poco tiempo verás que las personas estarán dispuestas a hacer cualquier cosa por ti.

El arte de escuchar

Casi todos los que están en los negocios han tenido al menos una sesión de entrenamiento, en la que se enseñó un módulo sobre escucha activa. En esencia, la escucha activa es un conjunto de comportamientos diseñados para demostrar a la otra persona que sí estás escuchando. Ya hemos establecido que la manera más rápida y efectiva de conectarte con otra persona es escuchándola, porque sentirnos escuchados nos hace sentir importantes. Si quieres hacer que no se sienta importante y perder esa conexión, lo único que debes hacer es dar la percepción de que no estás escuchando. Teniendo esto en mente, los comportamientos de escucha activa te serán muy útiles.

Los comportamientos de escucha activa incluyen el contacto visual, el reconocer, dar retroalimentación verbal y lenguaje corporal, resumir y repetir lo que has escuchado y hacer pausas y silencios antes de hablar. La percepción errada sobre la escucha activa es creer que *escuchar* consiste en practicar estos comportamientos. Es muy posible hacer todo esto y no escuchar nada. Pero ten presente que actuar como si estuvieras escuchando es mucho mejor que dejar a tu interlocutor con la sensación de no haber sido escuchado. Al menos, al salir de la reunión, se siente valorado y piensa que tienes interés. Sin embargo, para llevar la escucha a una conexión que conduzca a la solución de un problema y a una relación de largo plazo, es necesario que de verdad escuches. Esto quiere decir que, además de demostrar que estás escuchando mediante comportamientos de escucha activa, también debes eliminar todas las demás distracciones, incluyendo tus propios pensamientos egocéntricos, y darle toda tu atención.

Concentrarte por completo en la persona que tienes frente a ti, teniendo un genuino interés en lo que está diciendo, es un comportamiento que se adquiere. Antes de cada reunión, comprométete con apagar tus propios pensamientos, deseos e impaciencia, y fija toda tu atención en la otra persona. Incluso es probable que debas decirlo en voz alta y prepararte mentalmente para concentrarte en la otra persona. Sé consciente de tus deseos de dejar surgir tus ideas o de opacar a la otra persona si te parece aburrida. Cuando seas consciente de estos comportamientos, te será mucho más fácil corregirlos. Después de cada conversación, evalúa cómo te fue en el ejercicio de prestar atención, reconoce tus fallas y renueva tu compromiso. Cuando hagas esto de manera consistente, te será mucho más fácil escuchar. Algo que debes recordar a lo largo de tu carrera es que *la gente nunca se queja de las personas que las escuchan.*

Contacto visual

¿Recuerdas la cita de Jim John en el capítulo anterior, "donde sea que estés, está presente"? Este concepto es tan oportuno para el acto de escuchar como lo es para la simpatía. Controlar tus pensamientos egocéntricos es la clave para estar presente mentalmente. Tener control sobre tus ojos te mantiene presente físicamente. Tu concentración estará en donde sea que dirijas tu mirada. Practica el mantener un buen contacto visual todo el tiempo. Ya sea cara a cara o por teléfono, evita el fuerte deseo de hacer varias tareas al tiempo, no mirando papeles, pantallas de computadora, teléfonos celulares y televisores. Apaga los dispositivos electrónicos para que los sonidos o vibraciones que emitan no te hagan mirar hacia otra parte. Cuando cometas el error de mirar hacia otro lado, no solo perderás la concentración, sino que también ofenderás a la otra persona. Un truco es mirarla a los ojos y notar de qué color son. Al hacerlo, esto te obliga a hacer un contacto real y genuino durante los críticos primeros segundos de una conversación.

Escucha con profundidad

Pero, aunque el contacto visual es central para escuchar, solo hace una parte del proceso. El autor Tim Sanders acuñó el término "escuchar con profundidad" para describir la acción de escuchar como una experiencia que involucra los ojos, los oídos y las emociones. En otras palabras, observa el lenguaje corporal y las expresiones de la persona que está hablando; analiza el tono, el timbre y el ritmo de la voz; escucha las palabras; y ponte en su lugar. Como las personas se comunican más con palabras, si abres tus otros sentidos tienes la oportunidad de analizar los matices emocionales de la conversación. Escuchar con profundidad le muestra a la otra persona que estás entendiendo, y eso crea cercanía y fortalece la conexión.

Cuando escuchas con profundidad estás buscando pistas emocionales, verbales y no verbales, que den lugar a preguntas de seguimiento que lubriquen la conversación haciendo que la otra persona hable acerca de temas que le interesan. Es fácil mantener a las personas involucradas cuando están hablando de sí mismas. Las preguntas de seguimiento también te permiten emplear los comportamientos de escucha activa que incluyen resumir y repetir, lo cual muestra que estás escuchando, sin hacer ninguna afirmación de tu parte. A diferencia de las afirmaciones que tienden a interrumpir las conversaciones, las preguntas hacen que fluyan. Las preguntas también aminoran el ritmo y te permiten aclarar la comprensión, y esto es muy importante para descubrir problemas. Nunca olvides que, cuanto más hable la otra persona, más conexión sentirá contigo.

Haz que siga hablando

Hay otros comportamientos de escucha activa que te ayudan a mantener las conversaciones en movimiento. Frases de apoyo como "sí, eso veo", "entiendo", y "eso es emocionante", hacen que la otra persona siga hablando y muestran que estás escuchando. De la misma manera, comportamientos como asentir con la cabeza y sonreír en aprobación e inclinarte hacia adelante cuando algo que oyes te parece interesante, hacen que la persona siga hablando y muestra que estás escuchando. Una manera segura de acabar con una conversación es lanzar tu siguiente pregunta o afirmación, o, peor aún, interrumpir a la otra persona antes que termine de hablar. Esto hace ver que no estás escuchando, sino que estás pensando en lo siguiente que quieres decir. Cuando creas que la otra persona ha terminado de hablar, haz una pausa y cuenta hasta dos antes de hablar. Esto te da tiempo para digerir por completo lo que has escuchado antes de responder. Lo más importante es que te da espacio para que la otra persona termine de hablar y evita que la interrumpas si no lo ha hecho.

En conclusión, escuchar requiere que le des tu atención a la otra persona. Para ello, tendrás que desarrollar la disciplina de apagar tu inclinación natural a concentrarte en tus pensamientos y hacer a un lado tu deseo de hablar para satisfacer la necesidad de sentirte importante. Escuchar requiere que tengas fe en que cuando estás escuchando tienes el control y que al hacerlo creas conexión y ganas la simpatía de los demás. Se requiere práctica para escuchar de verdad, y en el proceso cometerás muchos errores. Sin embargo, cuando desarrollas el hábito de escuchar, tu red y tus amistades crecerán, y tu simpatía, reputación, ingresos y carrera crecerán.

Mantente conectado

Cuanto más larga sea tu relación con un cliente, más conectado estarás con él. Te será más fácil iniciar y entablar conversaciones, y esas conversaciones serán más cómodas y reveladoras. Sin embargo, las conexiones estimulantes requieren vigilancia. No importa por cuánto tiempo se hayan conocido o lo cómodos que se sientan entre sí, siempre debes recordar darles tu completa atención y escuchar. Haz el esfuerzo de evitar hablar de ti mismo y concéntrate en hacer que se sienta apreciado e importante. Busca oportunidades para hacer cumplidos y elogiar sus logros. Aprende y recuerda los nombres de su esposa/esposo y de sus hijos, y toma nota y recuerda las fechas especiales tales como cumpleaños, aniversarios, graduaciones, bodas y otros eventos que sean importantes para ellos. Esto demuestra de manera evidente que tienes un interés genuino en ellos y en sus necesidades, y que los valoras y aprecias.

Recuerda y usa nombres

Recordar y usar los nombres cuando saludas a alguien y en las conversaciones juega un papel importante para mantener conexiones. La palabra a la que respondemos y deseamos escuchar por sobre todas las demás es nuestro nombre. Cuando nos llaman por nuestro nombre, nos sentimos valorados y reconocidos. Nos agrada el sonido. Cuando recuerdas y usas los nombres de secretarias, guardias de seguridad, influenciadores, y otras personas que trabajan con tus clientes, de inmediato las ganas para tu causa. Olvida la vieja excusa, "soy terrible con los nombres". No puedes darte el lujo de usarla. No recordar los nombres o pronunciarlos mal, afecta tu simpatía, rompe conexiones y daña tu reputación. En realidad, la mayoría de las personas no recuerdan los nombres, porque hacerlo exige esfuerzo. Es más fácil ser perezoso. Ser malo para recordar nombres es una decisión. *Decide* implementar un sistema para recordar nombres. Si haces una rápida búsqueda en Google, encontrarás miles de valiosos artículos y videos que aconsejan cómo recordar nombres. Vale la pena que leas esos artículos y sigas sus consejos. Pero encontrarás que estos recursos suelen coincidir en lo siguiente:

Compromiso: decídete y mantén el compromiso de tener la autodisciplina para recordar nombres. (Esto es similar a hacer el compromiso de escuchar). Los compromisos son una decisión que solo tú puedes hacer.

Concentración: presta atención cuando alguien diga su nombre. Esto significa que debes prestar atención al nombre y cómo se pronuncia. En otras palabras, tienes que estar presente. Si te pierdes el nombre, no dejes que el momento pase sin pedirle a la persona que lo repita.

Repetición: repite el nombre en tu mente hasta grabarlo en tu memoria.

Asociación: asocia el nombre con otra cosa que lo haga fácil de recordar. Un lugar, la compañía, un sonido, una idea, una pista visual o cosas similares.

Tengo un buen amigo que parece tener la misteriosa habilidad de recordar el nombre de todas las personas que ha conocido. A primera vista, parece ser magia. Pero, al mirar más de cerca, su secreto se hace evidente. La técnica que usa, no solo para nombres, sino para recordar eventos y temas de conversación, es tomar nota de inmediato sobre aspectos importantes a recordar y asociar con la persona que ha conocido. Él toma sus notas en el respaldo de la tarjeta de negocios de la persona. Luego, sin falta, escribe esta información con más detalle en su programa de gestión de relaciones con el cliente (CRM) al finalizar cada día antes que olvide algo. Luego revisa la información a la mañana siguiente para asegurarse de recordar el nombre y asociarlo con la persona. No conozco a nadie con más amigos que él.

Recordar y usar los nombres es una manera que beneficia a ambas partes para iniciar y mantener conexiones. Te hará más agradable, mejorará tu reputación y facilitará que la gente te compre a ti.

Consejo de ventas: mantén conexion mediante correo electrónico y mensajes de voz

Una manera segura de dañar tus conexiones y relaciones es teniendo malos modales en el uso de los mensajes de voz, el correo electrónico y los mensajes de texto.

Con estas herramientas de comunicación, no se trata tanto de lo que dices sino, de cómo lo dices. Es fácil herir a otros con un tono ofensivo, exigente y mandón en tu voz o alguna palabra escrita. Sucede a diario. Las personas más agradables y amables provocan grandes ofensas con un simple mensaje de correo electrónico. Para empeorar las cosas, está el hecho de que los correos electrónicos, los mensajes de texto y de voz que son ofensivos para otros, se pueden reenviar con facilidad, lo cual afecta aún más tu reputación y aumenta el problema.

A veces un simple mensaje (por lo general de correo electrónico) es la chispa que en un parpadear enciende una guerra que afecta conexiones y relaciones, al punto de ser irreparables. Todo comienza con mucha inocencia. Una parte envía un mensaje a otra con el deseo de expresar una frustración, preocupación, deseo o necesidad. La parte receptora lee el mensaje y se ofende con el tono. Esa parte dispara de vuelta (sin pensar), y eso ofende al emisor inicial. Este intercambio de fuego continúa hasta que ambas partes, exasperadas, están tan enfadadas que no solo no logran resolver el problema inicial, sino que por lo general no pueden volver a trabajar juntos amigablemente. Las peores peleas y rupturas de relaciones que he presenciado en los últimos años han sido el resultado de comunicaciones por correo electrónico.

El mayor problema con el correo electrónico y los mensajes de texto es que la otra persona no puede verte ni escucharte. La comunicación interpersonal es una combinación de palabras, tono de voz, timbre e inflexiones, lenguaje corporal y gestos faciales. Cuando otras personas no pueden asociar las palabras que están leyendo con el contexto de tu tono de voz y expresiones faciales, asignan su propio significado a las emociones con las que leen las palabras. Por esto hay mala comunicación rampante con el correo electrónico y los mensajes de texto, y en un creciente nivel también con las herramientas de redes sociales.

Los mensajes de voz son diferentes, porque tienes la oportunidad de comunicarte por medio de palabras, tono, timbre e inflexiones de voz. El problema con este tipo de mensajes es que la otra persona no está del otro lado de la línea para reaccionar a tu tono de voz con sus propias señales verbales, ni tampoco para aclarar lo que quieres decir en caso de que malentiendan tu tono. El otro problema con los mensajes de voz es que, si la parte receptora se ofende, puede ejecutar tu mensaje una y otra vez, lo cual solo sirve para echar más sal en la herida. Aunque es mucho menos peligroso que el correo electrónico, muchos vendedores en particular, afectan sus relaciones por medio de los mensajes de voz. Esto se hace más a menudo cuando expresan frustración o exasperación cuando un trato se estanca, o les hace falta información o elementos importantes de parte del personal de apoyo, o cuando les es devuelta una llamada. (Los gerentes tienen problemas similares cuando dejan en el buzón de voz de sus subordinados mensajes de voz ásperos o exigentes). Los mensajes de voz son fáciles de transmitir con una emoción negativa, y esto puede volverse en tu contra, y lo hará.

Estas herramientas de comunicación, aunque son importantes y útiles, son muy peligrosas para las conexiones y las relaciones. Sin embargo, se pueden utilizar para tu provecho si sigues algunas normas sencillas:

- Nunca expreses emociones negativas: nunca expreses emociones tales como frustración, enojo, decepción, exasperación o sarcasmo. Nunca critiques, así la otra persona te haya pedido que lo hagas. Las emociones negativas y las críticas solo deberían tratarse de manera directa, ya sea por teléfono o en persona.

- Expresa emociones positivas: los mensajes de correo electrónico, de voz y de texto son herramientas excelentes para dar elogios, hacer cumplidos y expresar gratitud a otros. Con estas herramientas, puedes hacer de inmediato que alguien se sienta valorado, importante y apreciado, una manera excelente de fortalecer conexiones. Es más, tus mensajes pueden ser reenviados a otros (y eso les hace sentir aún más importantes), también se pueden escuchar y leer una y otra vez.

- Solo presenta hechos reales: las herramientas de mensajería son perfectas para comunicar hechos y organizar reuniones. Si se usan de esta manera, pasan a ser activos que te permiten hacer más en menos tiempo.

- Haz una pausa antes de presionar el botón de enviar: una vez presiones el botón, no puedes devolver el mensaje. Somos pocos los que no hemos lamentado haber enviado un mensaje de manera precipitada. Desarrolla la disciplina de hacer una pausa antes de enviar el mensaje (esto es especialmente importante si eres el receptor de un mensaje que te ha hecho enfadar y estás a punto de responder con fuego al enviar una respuesta precipitada). Antes de enviar un mensaje, verifica el tono para asegurarte de expresar ya sean emociones positivas o hechos reales. Lee tus correos electrónicos y mensajes de texto antes de enviarlos, y escucha tus mensajes de voz para asegurarte de que sea una comunicación profesional y de fácil comprensión. Ponte en el lugar del receptor y considera cómo te sentirías si el mensaje fuera dirigido a ti. NUNCA, jamás, envíes un mensaje estando enojado o frustrado. Cuando te sientas así, resiste la tentación de enviar un mensaje, y decide revisarlo en otro momento. Te asombrará lo diferentes que se verán las cosas después de haber hecho una pausa.

- Cuando tengas dudas, toma el teléfono: la manera más efectiva de comunicación es en tiempo real. No importa cuán brillantes creas que son tus habilidades de comunicación, no puedes ganar una discusión ni conducir una conversación vía correo electrónico. Siempre harás más daño que bien si intentas aclarar malentendidos usando herramientas de mensajería. Cuando sientas frustración, necesites comunicar emociones negativas o críticas, o estés buscando aclarar algo, toma el teléfono y haz una llamada. En casi todos los casos, una corta llamada telefónica aclara las cosas y hace que ambas partes se sientan escuchadas, apreciadas y comprendidas. Si quieres usar herramientas de mensajería para tu ventaja, practica estas normas antes de presionar el botón de enviar. Si hay una pequeña duda acerca de cómo será recibido e interpretado tu mensaje, mejor toma el teléfono.

Resumen

La conexión abre la puerta a la solución de problemas. A diferencia de la construcción de empatía, que es un método complejo para influenciar el comportamiento, el crear conexión consiste en un vínculo emocional con otra persona de modo que se sienta cómoda hablando contigo de sus problemas reales. Creas conexión dando a los demás lo que más desean, que es sentirse apreciados, valorados e importantes. El verdadero secreto para crear conexión está en escuchar. La manera más rápida y efectiva de hacer que los demás se sientan importantes es darles la oportunidad de hablar de sí mismos. Al escuchar con eficacia, aprendes a tener un interés genuino en los demás y darles toda tu atención. Cuanto más hable una persona, se sentirá más cercana a ti, así como más cómoda para expresar sus problemas, los cuales, al ser resueltos, harán que la persona experimente una relación de negocios leal y provechosa.

5

RESUELVE PROBLEMAS

Esperé pacientemente en el recibidor de una importante compañía de procesamiento y distribución de alimentos. Era la cuenta más grande en mi territorio. Gracias a un contrato que estaba terminando con mi competidor, la ventana de compra estaba abierta. Después de un rato, Sam, el gerente de compras, salió a recibirme. Se disculpó por tardarse y me ofreció tomar asiento en su oficina. De inmediato, comencé mi labor. Le hablé sobre la compañía para la que trabajaba y por qué pensaba que éramos una buena opción para su empresa. Sam me hizo un breve resumen de su situación y dijo: "estamos terminando nuestra relación con tu competidor y estamos listos para avanzar. Quiero tomar una decisión la próxima semana. ¿Qué tan rápido crees que puedes hacerme llegar una propuesta?".

Rápidamente organicé una cita para presentarle una propuesta una semana después. Mientras me dirigía hacia el estacionamiento, me sentía emocionado. Parecía que esta cuenta iba a ser mía. De vuelta en la oficina, organicé una excelente presentación de PowerPoint usando mis mejores diapositivas y gráficas. Preparé muestras de productos y reuní mis mejores referencias de la industria alimenticia. Mi precio era competitivo y estaba seguro de que captaría la atención de Sam.

La mañana de mi presentación ante Sam me puse mi mejor traje y corbata, y caminé sin titubear hacia mi auto, iba listo para cerrar el trato. Como solo había estado con la compañía por seis meses, fui con mi gerente de ventas, Bob, y también para tener apoyo. Sam nos recibió y nos guio a una sala de conferencias. Luego, mirando con nerviosismo su reloj, dijo que nos daría tiempo para organizarnos y salió.

Pocos minutos después, Sam entró a la sala de conferencias, junto con un caballero mayor. Nos presentó a Ken, el presidente de la compañía. Le di a cada uno la copia de la propuesta y comencé con la presentación. Unos cinco minutos después, alcancé a ver con el rabillo del ojo que Bob se estaba retorciendo en su silla. Luego, de repente y en voz alta, Bob dijo, "¡Jeb, detente!". Ya estaba nervioso con la presencia de Ken en la reunión y ahora mi cara se tornó roja del calor y mis rodillas se doblaron. Sin darme tiempo para responder, Bob miró al otro lado de la mesa y dijo, "Ken, veo que no estás muy impresionado con nuestra presentación".

El presidente de la compañía estaba recostado en su silla y con los brazos cruzados. La expresión en su rostro lo decía todo. Mi presentación fue todo un fiasco. Ken miró directo a los ojos a Bob y dijo, "tienes toda la razón, no estoy impresionado. Esta es la misma basura que todos ustedes nos ofrecen. Hemos cambiado de proveedores en cuatro ocasiones durante los últimos diez años y siempre es por las mismas razones.

No entiendo por qué no pueden dar en el blanco. Esta es la tercera presentación que veo esta semana, y es exactamente igual a las otras. Estoy empezando a preguntarme si, para ahorrar dinero, ustedes y sus competidores tienen contratada la misma compañía de mercadeo".

Ken, martillando con su dedo sobre la mesa, dijo: "he escuchado las mismas promesas una y otra vez. ¿Pero saben qué?, la semana pasada su competidor nos hizo detener la producción. ¿Saben qué pasa cuando la producción se detiene? ¡Nos vamos a la quiebra! El viernes pasado tuvimos que enviar a casa a todos nuestros empleados. Así que lamento decirles esto, pero no les creo y no creo en sus promesas. Todos ustedes son lo mismo y estoy enfermo y cansado de escuchar esto".

Fue en ese momento cuando mi jefe de seis pies y tres pulgadas del alto se puso de pie y se pasó al otro lado de la mesa de conferencias, donde estaba Ken, y tomó la propuesta. Luego, con toda la fuerza que pudo reunir, la tiró contra el piso. ¡Sonó como un disparo! Miré a Sam, y sus ojos parecían dos platos. Luego, hubo un profundo silencio y yo quería esconderme bajo la mesa. Lentamente, Bobo volvió a mirar a Ken. Se inclinó hacia adelante, miró directo a los ojos al presidente de la compañía y dijo: "usted tiene razón. Todos somos lo mismo, pero no tiene por qué ser así".

Bob tenía toda la atención. Se quitó la chaqueta, desabotonó los puños de la camisa y se arremangó. Miró a Ken y luego a Sam y en tono casual dijo, "manos a la obra. Díganme algo, si pudieran diseñar el programa perfecto para su compañía ¿cómo sería?". Ken se inclinó hacia adelante y su actitud cambió por completo. Solo pensaba en los negocios, pero con una sonrisa en el rostro se abrió y nos dijo justo lo que deseaba. Yo tomaba notas lo más rápido que podía mientras Bob hacía preguntas de seguimiento.

Ken nos llevó a conocer a cada director de departamento e hicimos más preguntas. Una hora después, volvimos a la sala de conferencias y organizamos todo. Bob dijo, "esto es lo que parece que debemos hacer para resolver sus problemas de una vez por todas". Luego revisó nuestros hallazgos. "¿Vamos por buen camino?". Ellos dijeron: "sí". Entonces Bob miró a Ken y dijo, "¿si podemos hacer esto tendremos el trato?". "Claro que sí", respondió.

Una semana después volvimos con un plan que resolvía sus problemas. Ken firmó sin dudar, aunque había un costo que excedía en un 40 por ciento lo que había estado pagándole a nuestro competidor. Para mí esa fue una lección para toda la vida. Nunca me había sentido tan avergonzado como estaba al terminar la reunión anterior. Mi presentación había sido todo un fracaso frente a mi gerente de ventas. Al tomar atajos lo había echado a perder. Nunca logré conectarme con Sam y no me tomé el tiempo para hacer preguntas. Solo *asumí* que sabía lo que necesitaban. Bob dijo que había sido muy afortunado por haber contado con la presencia de Ken en la reunión con Sam. De lo contrario, habría perdido la cuenta sin nunca saber por qué. Haber seguido a Bob en el recorrido por la planta y escuchar sus preguntas fue algo muy esclarecedor. La gran lección que aprendí fue que, cuando haces preguntas, encuentras problemas, y cuando resuelves problemas, cierras negocios. Casi 20 años después, todavía tengo la carta que Ken nos envió agradeciéndonos por hacer lo que ninguno de nuestros competidores había podido hacer. En la última línea de la carta, escribió: "he aprendido que no todos ustedes son iguales".

El problema con hablar y descargar

En un reciente viaje de negocios, mientras estaba en el bar del hotel, conocí a un comprador corporativo que estaba visitando esa ciudad como orador en un seminario. Después de una corta conversación, le pregunté qué pensaba de la profesión de ventas en general. Su respuesta fue algo que nunca esperé escuchar. Miró su bebida y de forma directa dijo: "los vendedores me aburren". Su comentario me tomó por sorpresa, tanto que me quedé sin palabras. Luego, respondí, "Eso es justo lo que esperaba que dijera. ¿Puede explicarme qué quiere decir con eso?

Él dijo: "mire, me pagan para dar charlas a vendedores y eso es lo que hago todos los días. Ahora, hay algunos vendedores con los que de verdad me gusta trabajar, pero la gran mayoría me aburre hasta la muerte. Entran, toman asiento, preguntan cómo estoy, pero no son sinceros, dan su opinión sobre algo en mi oficina, hacen una cantidad de preguntas genéricas, presentan su compañía o producto, piden que les dé mi tarjeta de negocios, y por lo general les sorprende cuando no lo hago. Es como si todos fueran cortados con el mismo molde".

Los vendedores que habían visitado su oficina no lograban nada, porque comenzaban a hablar y descargaban información. La experta en ventas y autora, Kelly Robertson, dice: "puede sonar simple, pero la mayoría de las personas no comprende. Todavía creen que vender consiste en hablar mucho de su compañía, su producto o servicio. Sin embargo, las ventas reales y efectivas consisten en hacerle las preguntas correctas al cliente potencial y demostrar que puedes ayudarlo a resolver algún problema o asunto en particular. Eso quiere decir que debes dirigir toda tu atención a su situación y resistirte a hablar de tu compañía u oferta".

De forma intuitiva, la mayoría de los vendedores saben que deberían mostrar interés en sus clientes potenciales. Pero, en realidad, es más fácil dar una disertación, que hacer preguntas, y ser atento y mostrar interés, porque es natural para los seres humanos seguir el camino fácil, y eso es lo que la mayoría de las personas hacen. Piensa en cómo se siente estar del otro lado de una conversación en la que alguien solo habla de sí mismo, es aburridor. Así es como se sienten los compradores cuando un vendedor presenta lo que vende o solo descarga información buscando hacer la venta en lugar de hacer preguntas.

El conflicto de objetivos

Resolver problemas es la base de la filosofía de *La gente compra por usted*. Resolver problemas consiste en ayudar a otros a obtener lo que desean. Cuando ayudes a otros a obtener lo que desean, tú obtendrás lo que deseas. Por ejemplo, cuando, con tu producto o servicio, ayudas a tu cliente a resolver un problema en su empresa, recibes un cheque de comisión.

Cuando ya te sientas a gusto con las palancas de *La gente compra por usted*, verás que atraerás a otras personas y no tendrás problemas entablando conversaciones con ellos. En las relaciones personales, no es trascendental tener conversaciones largas acerca de cualquier tema que surja. Pero, en las relaciones de negocios, la razón por la cual tienes conversaciones es para hacer *negocios*.

La diferencia entre las conversaciones que son de negocios y las personales es que las de negocios tienen un objetivo. En otras palabras, al menos una de las partes tiene un objetivo estratégico o táctico para la reunión, y ambas partes, al menos de forma tácita, creen que hay algún valor razonable en reunirse. Como profesional de ventas y de negocios, nunca deberías iniciar una conversación de negocios, ya sea con un cliente potencial, un comprador, un gerente, alguien de personal de apoyo o colega, sin tener un claro objetivo para el resultado de la reunión.

El conflicto que enfrentas es que la gente compra (o toma acciones) por sus razones, no las tuyas. Aunque es probable que tengas un objetivo para la reunión (cerrar la venta), mientras tu cliente potencial no obtenga un beneficio claro que satisfaga sus objetivos (resolver mi problema), no podrás alcanzar tu objetivo. Es en este punto en el que muchos vendedores fallan, y es por eso que el comprador que conocí se quejó diciendo que "los vendedores lo aburren". A las personas les interesa lo que desean, no lo que tú deseas. Ellos quieren ver sus problemas resueltos. Cuando comienzas hablando de tu producto, servicio, idea o deseo, estás hablando tu idioma, no el de ellos.

Cinco normas para hacer preguntas

Cuando se trata de resolver problemas, las preguntas son el rey. Aprender y practicar habilidades efectivas para hacer preguntas es algo esencial para tener una carrera de éxito en ventas y en los negocios. Antes de ahondar en las estrategias para hacer preguntas, quiero explicar cinco normas para hacerlo. Estas normas te guiarán para hacer las preguntas correctas, en el momento indicado y de la manera adecuada.

Norma número 1. Nadie te dirá cuáles son sus verdaderos problemas mientras no sienta una conexión contigo

Esto lo cubrimos ampliamente en el capítulo 4. Cuando conoces a alguien, esa persona tiene un muro de protección. La conexión está diseñada para derribar ese muro. Creas conexión al escuchar, dar toda tu atención y tener un interés genuino en lo que tiene para decir.

Norma número 2. Primero haz preguntas fáciles

Para lograr que las personas revelen sus problemas, debes hacer que hablen. Cuanto más hablen, más conexión sentirán contigo. Para hacer que las personas se sientan cómodas hablando, comienza la conversación con preguntas que tu cliente potencial responda con facilidad y que también disfrute responder. Cuando se sientan a gusto hablando, podrás comenzar a hacer preguntas más profundas, más estratégicas que revelarán sus problemas reales.

Norma número 3. La gente se comunica con relatos

Al conversar, nadie expresa hechos de manera descuidada, sino que usamos relatos. Cuando escuchas con atención, haces que la persona que está hablando quiera ampliar más la información y relatar más historias. Las pistas que conducen a sus problemas reales yacen detrás de esas historias.

Norma número 4. Sé empático, sigue las pistas emocionales que llevan a los problemas

Escuchar con profundidad usando tus ojos, oídos y corazón, te conducirá a pistas emocionales tales con inflexiones de voz, gestos faciales y lenguaje corporal, los cuales indican que cierta parte del relato al hablar de algún problema tiene importancia emocional. Cuando encuentres esas pistas, haz preguntas de seguimiento para ahondar más. Es aquí donde se develarán los problemas reales.

Norma número 5. Nunca asumas nada

Muchos vendedores asumen que conocen muy bien las necesidades de sus clientes potenciales. Después de construir algo de empatía, pasan a un discurso de venta preconcebido. Hablan de características y beneficios y explican por qué su producto o servicio es el ideal. En lugar de hacer preguntas, hacen asunciones porque tienen prisa, están aburridos, son impacientes o les falta empatía. Además de todas las trampas obvias que conlleva asumir cosas, también está la trampa emocional. A nadie, incluidos tú, yo o tus clientes potenciales, nos gusta que nos digan que no somos únicos. Eso nos ofende. Queremos ser tratados como individuos. La clave es hacer que tus clientes potenciales hablen de lo que desean y necesitan, sin importar lo obvio que sea el problema.

Empatía y resolución de problemas

En las palabras del autor Dean Koontz, "algunas personas creen que lo único que importa es el intelecto: saber cómo resolver problemas, saber cómo salir adelante, o identificar una ventaja y aprovecharla. Pero las funciones del intelecto no son suficientes si no hay empatía". Los negocios requieren intelecto y empatía. Ambos tienen funciones vitales en las relaciones, la comunicación y la resolución de problemas. La empatía es la capacidad de ponerte en el lugar de otra persona y ver las cosas desde su perspectiva. Es entender e identificarte con sus sentimientos o motivaciones. La empatía es fácil cuando prestas toda tu atención a los demás, escuchas con todos tus sentidos, apagas tus pensamientos y tienes un genuino interés en lo que te dicen.

La empatía te permite ver el punto de vista de quien habla y te ayuda a superar el hábito de asumir que sabes qué es lo mejor para él. Te ayuda a ver a cada persona como un individuo único. Aquí es donde no importa lo común que pueda ser un problema, cada persona ve sus propios problemas como algo especial. Cuando te pones en el lugar de otra persona y ves los problemas desde su perspectiva, puedes aprovechar tu intelecto para entregar soluciones personalizadas, con lo cual esa persona confirma que la ves como alguien único. Esas soluciones personalizadas son la clave para cerrar negocios, crear confianza y retener clientes.

Presta atención a los icebergs

Si alguna vez has tenido la oportunidad de ver un iceberg de cerca, sabrás lo inmensos que pueden ser. Pero lo difícil de percibir es que la punta del iceberg es solo una pequeña porción de la masa total, la cual está escondida bajo la superficie. Quienes navegan los océanos reconocen que la masa escondida es la que constituye el mayor peligro para sus embarcaciones. En los barcos que navegan los mares donde flotan icebergs, siempre hay alguien buscándolos. El no anticipar el peligro que representa la masa escondida de los icebergs, lleva a consecuencias desastrosas y fatales.

En las ventas, nuestros compradores y clientes potenciales son como icebergs, a menudo nos revelan una fracción de la información que necesitamos, en tanto los problemas reales permanecen fuera de la vista. Mientras no mires bajo la superficie, no tendrás manera de saber si estás abordando los problemas más importantes para tu cliente.

Piensa en Joe, un ejecutivo de cuenta que entra a la oficina de un cliente potencial se presenta y comienza su discurso de venta presentando su compañía y sus productos. Después de esa presentación, (según lo que le enseñaron en el entrenamiento de su compañía) pasa a hacer preguntas como: "¿Cómo es el trabajo de su proveedor actual?" "¿Está usted contento?" "¿Qué no le gusta de su programa, producto o servicio actual?" "¿Cuánto ordena cada semana, mes o año?".

Linda, la compradora, hace bien su papel (así como le enseñaron en la escuela de compradores) y responde a cada una de las preguntas de Joe. Habiendo marcado la parte de las preguntas en el proceso de venta, Joe presenta las características y beneficios de su producto y hace su propuesta. Sintiéndose cómodo de haber adelantado su proceso sin inconvenientes, Joe trata de cerrar un trato, "Linda, creo que le podemos ahorrar dinero. La próxima semana podemos entregar la primera orden. Lo único que debe hacer es firmar acá". Linda, cortésmente, le explica a Joe que necesita más tiempo para reducir su inventario actual. Si él es hábil, puede volver a llamar en dos semanas y ella estará lista para hacer una orden. Joe sale hacia su auto, llama a su jefe y le dice que tuvo una buena reunión y que el trato es un hecho.

Dos semanas después, Joe, anticipando cerrar un trato sin inconvenientes, llama de nuevo a Linda. Tras un rápido intercambio de saludos jocosos, Linda le explica que ha decidido cerrar un trato con uno de los competidores de Joe. Absorto, Joe pregunta por qué. Linda le explica que el otro proveedor tenía una mejor solución al problema más imperante que tiene, un problema que Joe no conocía. Y Joe responde: "no me dijo nada sobre ese asunto. Desearía haber sabido. Tenemos la mejor solución del mercado. ¿Podría considerarlo? ¡Puedo estar allá en una hora!". Pero lamentablemente es muy tarde. La decisión ya ha sido tomada y el barco de Joe se va al fondo. ¿Por qué Joe no sabía de este problema? Al hacer sus preguntas, nunca miró bajo de la superficie. Y, por desgracia, los compradores por naturaleza no muestran a los vendedores los problemas bajo la superficie. *¡Busca los icebergs*, Joe!

Joe es un vendedor que habla y descarga. Habló con Lina buscando información elemental y luego descargó sobre ella todas sus características y beneficios. Si Joe hubiese leído *La gente compra por usted*, habría creado conexión en primer lugar, usándola luego para hacer preguntas más profundas y estratégicas a fin de mirar bajo la superficie. En lugar de concentrarse en sus características y beneficios, pudo haber sabido cuáles eran los problemas de Linda.

La transición de crear conexión a resolver problemas

Al pasar de *crear conexión a resolver problemas*, resístete a la tentación de presentar tu producto o servicio. En este punto, descargar información de productos o de la compañía sobre tu cliente potencial o comprador hará que se rompa la conexión establecida. Mantén tu conexión al no perder la concentración aguda sobre la otra persona y haz que siga hablando, haciendo más preguntas fáciles. Este tipo de preguntas te ayudan a hacer la transición a una conversación de negocios enfocada en resolver el problema. Mis preguntas fáciles favoritas son preguntas sobre lo que se hace.

- "He investigado un poco sobre su compañía. ¿Puede hablarme más sobre lo que hacen acá?"

- "¿Cómo lo hacen?"

- "¿Dónde lo hacen (fabrican, prestan el servicio, produce, envían)?"

- "¿Qué otra cosa hacen aquí?"

- "¿Puede hablarme más sobre lo que hace el nuevo producto que están fabricando?"

Estas preguntas hacen que la otra persona hable sobre temas que le son familiares. Como la gente tiende a comunicarse mediante relatos, escucha con todos tus sentidos para percibir sentimientos y emociones escondidos. Observa las expresiones faciales, el lenguaje corporal y la tonalidad en la voz que te den pistas importantes que estén bajo la superficie. No tienes que ser un experto en lenguaje corporal para ver pistas obvias. Solo debes ser observador y estar preparado para hacer preguntas de seguimiento y poner a prueba lo que sospechas, algo como: "Eso parece importante. ¿Cómo están afrontándolo?".

Hay dos beneficios en escuchar y hacer preguntas de seguimiento de esta manera: esto hace que la otra persona se sienta importante y genera un sentimiento más profundo de conexión, dando así acceso a las emociones y problemas que hay bajo la superficie. En este punto, tus preguntas pueden ser más puntuales, específicas y relevantes para tu principal objetivo de negocio. Podrás hacer que la otra persona te revele sus problemas.

Esa es la habilidad de ser intelectual y, al mismo tiempo, tener empatía, y que te hace toda una superestrella . Estas preguntas de proceso doble (mantener la concentración en tus objetivos estratégicos mientras creas conexión emocional con tu cliente potencial) es la clave para mirar bajo la superficie e identificar problemas reales.

La mayoría de los vendedores usan un proceso de preguntas lineales. Siguen una lista de verificación de preguntas que les ayudan a reunir la información suficiente para presentarles una propuesta a sus clientes potenciales. No hay conexión, solo una simple convergencia de elementos. Las preguntas de doble proceso no son lineales. Están diseñadas paras ser fluidas, flexibles y abiertas a múltiples líneas de preguntas que abren la puerta a las emociones del comprador y dan una imagen más clara de las adversidades y los problemas que yacen bajo la superficie.

Cuando te conectas emocionalmente con tu comprador, demostrando empatía, tendrás la puerta abierta para hacer preguntas profundas. Usar las preguntas de doble proceso te da flexibilidad para ajustarlas de manera estratégica a medida que descubres los problemas más emocionales y que más afectan a tu cliente. En ese momento, logras la comprensión necesaria para crear un puente que conecta los problemas de tu comprador con las soluciones de tu organización.

Acerca de las preguntas

Esto es una realidad: cuantas más preguntas hagas, más ventas cerrarás. Para resolver un problema, debes descubrirlo primero. Para ello, debes hacer preguntas. La razón por la cual sigo repitiendo este mantra, es porque la mayoría de los vendedores y profesionales de negocios no hacen suficientes preguntas.

Es probable que hayas tenido algún tipo de programa de entrenamiento en el que te enseñaron sobre preguntas abiertas y cerradas. En el entrenamiento, aprendiste que las preguntas abiertas son buenas y las cerradas son malas. Con esto, algunos ejemplos de preguntas abiertas y cerradas fueron distribuidos entre los presentes y, por desgracia, con eso se dio fin al módulo de preguntas.

Estos programas de entrenamiento son efectivos enseñándote la diferencia entre las preguntas abiertas y cerradas, pero no lo son tanto enseñando cómo hacer uso de las preguntas en el mundo real. Si entrevistaras a 100 profesionales de ventas, 99 de ellos te dirían que las preguntas abiertas son las más importantes en las ventas. Sin embargo, si observaras a esas mismas personas interactuando con sus clientes actuales y potenciales, lo que más oirías serían preguntas cerradas y descargas de información de características y beneficios.

Para ser efectivo con tus preguntas, debes poder hacer preguntas con la misma facilidad con la que un actor dice sus partes en una obra. Debes redactar y practicar tus preguntas de tal forma que suenen naturales. Las preguntas también debes tenerlas bien arraigadas en tu memoria para que puedas recordarlas de manera no lineal, basándote en la situación específica y el cliente.

Debes desarrollar preguntas normales que puedas usar, incluyendo las fáciles para iniciar la conversación, preguntas de aclaración para observar pistas emocionales y preguntas generales como de "preocupación". Estas últimas son herramientas excelentes para hacer que otros hablen de sus problemas. Son preguntas que no funcionarán a menos que hayas establecido una conexión. Mi pregunta de preocupación favorita es: "cuando te vas a la cama en la noche y piensas en esta 'situación' ¿qué es lo que te preocupa?". Y otras variaciones pueden ser: "¿Qué te preocupa acerca de esa 'situación'?" y "¿qué te inquieta más al respecto?". Las preguntas de preocupación son una excelente herramienta porque son fáciles de recordar. Cuando la haces, puedes estar seguro de que escucharás una historia que mostrará elementos. Hay muchos recursos disponibles que ofrecen listas de preguntas generales para ventas. Mi recomendación es que revises estas listas y adoptes o cambies las preguntas con las que te sientas más a gusto. De esa manera, cuando hagas esas preguntas, sonarás natural.

Además de las preguntas fáciles de recordar, también debes contar con un inventario de preguntas específicamente relevantes para tu situación de producto, servicio o administración. Por desgracia, la mayoría de los programas de entrenamiento no te darán una lista útil de preguntas. Así que debes crear esto por tu propia cuenta. El primer paso es identificar lo que ya está disponible. Es probable que alguien en tu organización en algún momento haya creado una lista de preguntas. Cuando comencé mi carrera como vendedor, mi gerente de ventas me entregó dos páginas de preguntas. Fue un buen punto de partida, pero las preguntas no tenían un orden útil y no coincidían con mi estilo de conversación.

El siguiente paso es entrevistar a tu gerente de venta, a los mejores profesionales de ventas, a tus entrenadores y a cada persona en tu organización que esté dispuesta a hablar contigo. Un vendedor a quien entrevisté dedicó dos semanas a mirar de cerca a unos de los mejores vendedores de su compañía. Su mayor enfoque era aprender la metodología de hacer preguntas. Identifica qué preguntas hacen los principales vendedores en tu empresa, en qué situaciones lo hacen y a qué personas. ¿Hay diferentes variaciones de las mismas preguntas más efectivas que otras? ¿Hay situaciones en las que no deberías hacer ciertas preguntas? ¿Cuáles son las respuestas esperadas? Este proceso de descubrimiento te ayudará a desarrollar una lista integral.

Luego desarrolla tu propia lista. Organízala en secciones que faciliten encontrar preguntas según tu posición en el ciclo de ventas, el cargo del comprador, el tipo de producto o servicio, el problema o la situación. Escribe las preguntas de la forma como las dirías, con tu propio estilo. Asegúrate de incluir posibles preguntas de seguimiento.

Por último, practica. La única manera real de ser competente con tus preguntas es practicar con clientes reales, en circunstancias reales y en tiempo real. Sí, será incómodo al comienzo y cometerás errores. Cuando hice mi primera lista de preguntas, la llevaba conmigo a dondequiera iba. Las practicaba en voz alta a la hora del almuerzo y entre citas, y trataba de memorizarlas. Antes de cada llamada de ventas, revisaba mi lista y me concentraba en las preguntas que deseaba hacer. Cuando ya tenía al cliente potencial frente a mí, usaba la lista como fuente para asegurarme de mantener el rumbo.

Al comienzo fue difícil. Me enredaba con las palabras, cometía errores vergonzosos y sonaba como un robot.

Las preguntas de doble proceso no hacían parte de mi vocabulario. Yo solo seguía la lista. Pero al hacerlo, día tras día, pasó a ser natural. No tenía que pensar tanto y comencé a sonar más auténtico. En poco tiempo, supe qué preguntar en casi cualquier situación, incluyendo las preguntas de seguimiento. Y pocos meses después, no tuve necesidad de mi lista. Había memorizado e interiorizado mis preguntas al punto que pasaron a ser parte de lo que yo era.

Superando los obstáculos en las preguntas

Ciertas personas tienen sus muros tan elevados que es casi imposible entablar una conversación con ellos. Sus respuestas son cortas y reducidas y se rehúsan a comunicar algo más allá de lo elemental.

Scott era el vicepresidente de recursos humanos de una empresa grande de panadería en Carolina del Norte. Tyler se encontraba en la oficina de Scott porque él era quien tomaba la decisión del tercer cliente potencial más grande en el territorio de Tyler. El problema era que la compañía de Scott había estado haciendo negocios con el competidor de Tyler por cerca de 20 años. Según Tyler, "ese tipo de lealtad era más que extraña en la industria y eso hacía que obtener ese negocio fuera una gran apuesta. Había mucho en juego. Según el funcionamiento de los contratos en mi industria, si perdía la venta no tendría otra oportunidad al menos por cinco años".

Después de una rápida introducción, Scott y Tyler comenzaron a hablar de negocios. "Él me había dicho por teléfono que estaba relativamente contento, pero estaba dispuesto a darme unos minutos. Le expliqué que mi objetivo de la reunión era solo conocerlo mejor. Dijo que estaba bien, pero que en realidad yo estaba perdiendo mi tiempo, porque ellos estaban cómodos con lo que tenían".

"Durante nuestro primer encuentro, hice todo lo posible por hacer que hablara, pero no estaba obteniendo nada. Me dio detalles del acuerdo que tenían con mi competidor y me dijo que volviera con una propuesta. En ese punto estaba comenzando a pensar que Scott tenía razón en cuanto a que estaba perdiendo mi tiempo. Al prepararme para salir le dije que nunca había visto cómo se hacía el pan y le pregunté si podía darme un recorrido por la planta. Para mi sorpresa, accedió".

"Tan pronto entramos al piso de producción, su comportamiento cambió. Estaba más animado y conversó más. Le emocionaba mostrar los nuevos equipos que habían instalado. El lugar era inmenso y a medida que lo recorríamos, él hablaba, no solo de la planta sino también de su familia e intereses además del trabajo. La parte más importante del recorrido fue la construcción de una relación. También observé varias áreas en la que mi competidor tenía deficiencias".

"Al final del recorrido por la planta le di muchas gracias a Scott. De verdad había sido fascinante. Habíamos dado en el blanco y ahora yo tenía muchas municiones para mi presentación. Luego, y nunca olvidaré esto, él me invitó a un torneo de golf de su compañía, que tendría lugar la semana siguiente. Un mes después, cerramos un trato".

Cuando las personas que toman las decisiones están sentadas detrás de sus escritorios, están en una posición de poder. Además de los muros emocionales que tienen, los escritorios mismos se vuelven barreras. Sin embargo, cuando logras que salgan de sus oficinas y caminen, es mucho más fácil crear conexión. En el caso de Tyler, mientras Scott estuviera en su oficina, estaba cerrado a tener una conexión. Pero al recorrer la planta con Tyler a su lado, todo era más igualitario, y eso facilitó la conversación. Tyler le dio a Scott algo fácil para hablar, la planta y el proceso de producción del pan, y eso hizo toda la diferencia. Tyler tenía un interés genuino en cómo se hacía el pan y le dio toda su atención a Scott. Scott se sintió apreciado e importante. Cuanto más escuchaba Tyler, más hablaba Scott. Se había logrado una conexión, y esto abrió la puerta para hacer más preguntas, resolver problemas y hacer la venta.

Uniendo los puntos

No deberíamos olvidar que la venta es un proceso. Dicho en términos sencillos, un proceso es un conjunto de pasos que se repiten y, cuando los seguimos, nos llevan a nuestro objetivo estratégico o táctico. En las ventas, por ejemplo, el proceso más simple es:

Paso 1: Calificar

Paso 2: Analizar las necesidades / reunir información

Paso 3: Presentación

Paso 4: Cierre

A medida que la complejidad de las ventas aumenta, lo mismo sucede con los pasos secundarios. Hay docenas de modelos populares de procesos de ventas, que incluyen Spin Selling, Miller-Heiman, y Sandler. Muchas grandes compañías han desarrollado sus propios procesos de ventas. No importa en dónde esté dando una charla, los vendedores y sus gerentes me preguntan cuál considero la mejor metodología de ventas. Mi respuesta siempre es la misma, "la que funciona para ustedes".

En *La gente compra por usted*, la resolución de problemas es donde el proceso se encuentra con la emoción. Es aquí donde reúnes la información sobre problemas, desarrollas soluciones basándote en tu producto o servicio y presentas esas soluciones a tu cliente potencial. Descubrir los problemas es la parte más difícil del proceso de venta. Pero cuando identifiques los verdaderos problemas de tu cliente, tendrás que desarrollar y poder articular, verbalmente y por escrito, cómo tu producto o servicio resolverá cada problema. Debes mostrarle a tu cliente cómo tu solución creará valor o le beneficiará. El proceso que mejor funciona para ti es:

- **Articula el problema particular de tu cliente.** Mary, en recursos humanos, está dedicando 30 horas a la semana resolviendo problemas relacionados con pagos de nómina. Esto le impide gestionar la inscripción a beneficios.

- **Recomienda una solución.** Recomendamos implementar el paquete de software HR Pro-1000, que automatizará por completo los procesos de pago de nómina.

- **Muéstrales el resultado planeado (valor).** Mary tendrá la libertad de invertir su tiempo inscribiendo a los empleados en el plan de beneficios, con lo cual ahorrarán $22.000 al año en trabajo temporal y mejorará la moral.

Cuando conozcas los problemas de tu cliente, será mucho más fácil desarrollar soluciones. A veces quizás debas ser creativo, pero en la mayoría de los casos, los problemas son los mismos que tienen muchos de tus clientes. Nunca olvides que para cada persona, sus problemas son únicos, así sean muy comunes. Por esta razón, tu presentación de soluciones recomendadas y resultados esperados debe ser personalizada. Debes articularlo de tal manera que tus clientes sientan que la solución es especial y específica para ellos. Siempre vincula tus recomendaciones y declaraciones de valor con las evidencias emocionales que revelaron con tus preguntas. El impacto de esto es tremendo, porque, una vez más, tu cliente se sentirá escuchado, valorado e importante.

Consejo de ventas: ¿Y qué del cierre de la venta?

Los vendedores siempre me hacen preguntas respecto al cierre. ¿Cómo logro cerrar...? ¿Qué puedo hacer para cerrar un trato...? ¿Tiene algún truco para cerrar una venta? Los gerentes de ventas se quejan porque sus vendedores no saben cómo hacer un cierre. "Lo único malo de Johnny es que no puede cerrar una venta".

Este es mi consejo. No desperdicies tu tiempo aprendiendo trucos y técnicas para cerrar ventas. Las personas que quieren aprender estas técnicas solo están buscando atajos para no tener que hacer el trabajo difícil de crear relaciones y seguir el proceso de ventas. Ellos creen que, si de alguna manera encuentran la clave, lo único que tendrán que hacer es sonreír, repetir las palabras mágicas para cerrar ventas, y estas llegarán volando en grandes cantidades.

Te tengo noticias. La píldora mágica para cerrar ventas no existe. La realidad es que, si has creado conexión, has descubierto problemas reales, has presentado soluciones bien pensadas y personalizadas para tus clientes, y has construido confianza en todo el proceso, no tendrás que preocuparte por el cierre. Lo único que debes hacer es preguntar, "¿cuándo le gustaría comenzar?" y tendrás todos los negocios que puedas hacer.

Resumen

Resolver problemas es la base de la filosofía de *La gente compra por usted*. Resolver problemas consiste en ayudar a otros a obtener lo que desean. Cuando ayudes a otros a obtener lo que desean, tú obtendrás lo que deseas. La clave para descubrir y resolver problemas es hacer preguntas y escuchar con todos los sentidos. Esto requiere intelecto y empatía. Cuando creas conexión emocional con tu comprador, demostrando empatía, tendrás la puerta abierta para hacer preguntas más profundas. Usar preguntas fluidas de doble proceso te da flexibilidad para ajustarlas de manera estratégica a medida que descubres los problemas más emocionales y que más afectan a tu cliente. En ese momento, logras la comprensión necesaria para crear un puente que conecta los problemas de tu comprador con las soluciones de tu organización. Pero nunca olvides que, para cada persona, sus problemas son únicos, así sean muy comunes. Por esta razón, tu presentación de *soluciones recomendadas* y *resultados esperados* debe ser personalizada. Debes articularlo de tal manera que tus clientes sientan que la solución que has recomendado es especial y específica para ellos.

6

CREA CONFIANZA

Rena vende dispositivos médicos para una compañía muy respetada a nivel nacional. Siempre es clasificada con la principal vendedora en su organización, superando en ventas a más de trescientos de sus colegas. Este es un logro envidiable en sí mismo, pero se hace más interesante cuando, como solía decir el ya fallecido Paul Harvey, escuchas el resto de su historia.

La industria de dispositivos médicos está constituida por un grupo de profesionales de ventas muy inteligentes. Estas personas tienen el talento para relacionarse con médicos y su personal de apoyo. Deben entender términos médicos complicados, familiarizarse con procedimientos complejos y tener conocimientos profundos de los productos que venden. Muchos de estos profesionales suelen entrar a cirugías para asesorar a los médicos y a las enfermeras que usan los instrumentos que ellos venden. Es una industria en la que la gran mayoría de esta élite de profesionales de ventas, trabajan de cara con los profesionales médicos a quienes atienden.

Esto es lo que hace que Rena sea única. Ella vende dispositivos médicos por teléfono. Hace parte de un pequeño equipo que su empresa organizó de manera experimental. Nadie esperaba el tipo de desempeño que tendría Rena. Lo que encontré impresionante es que no hay transacciones pequeñas. Los instrumentos que vende cuestan de $1.000 a $3.000 cada uno, y es normal que una sola orden sea de $20.000 o más.

Durante nuestra entrevista, la primera pregunta que le hice fue: "¿cómo puedes vender productos técnicos tan costosos por teléfono?".

Ella me dijo que, en lugar de concentrarse en el producto o el precio, se concentra en la relación. "El mayor problema que enfrento para vender por teléfono es la confianza. Nadie quiere correr riesgos con alguien que no puede ver cara a cara y que no conoce. Así que voy lentamente y trabajo con ellos poco a poco. En realidad, se trata de ser consistente. Quiero que ellos me conozcan primero como persona. Una vez me conocen, aspectos tales como el precio no importan tanto".

Al conocerla, vi que la mayoría de sus cuentas comenzaron siendo pequeñas. Su primer paso fue trabajar con insistencia para lograr que al menos un médico de un hospital hiciera una compra. Luego, fue insistente con su seguimiento. "Quiero que ellos sepan que cuidaré muy bien de ellos. Siempre que necesitan algo, me ocupo de inmediato de ello".

Su mayor cliente, y la fuente de gran parte de sus ingresos, es un hospital donde comenzó con solo un médico. "Él fue mi único cliente en ese hospital durante dos años y era muy leal, porque siempre que necesitaba algo o tenía una orden urgente, yo hacía lo que fuera necesario para cumplir con su solicitud. Yo hacía que fuera fácil trabajar conmigo. Además, también sabía todo acerca de él y su familia, así que, cuando lo llamaba para hacer un seguimiento, teníamos de qué hablar además de instrumentos quirúrgicos. Pero, un día, otro médico necesitó instrumentos especializados y mi competidor no estuvo en capacidad de entregarlos, así que mi médico lo puso en contacto conmigo. Hablamos, contacté al departamento de compras y pudimos hacer la entrega a tiempo. Ahora, tenía dos médicos (dijo sonriendo). Entonces, otro día, el director de compras del hospital me llamó. Hicimos un trato y mi empresa pasó a ser el principal proveedor del hospital. De repente, mis ventas se multiplicaron por diez, e hice una gran cantidad de nuevos amigos".

En ese punto, ella se inclinó sobre la mesa y dijo: "cuando los clientes confían en ti, la parte de la venta es fácil".

Un cimiento de confianza

Cuando los clientes confían en que cumplirás lo que has prometido, se ponen en una posición vulnerable con su dinero y su tiempo. En muchos casos, su dependencia en ti crea tal vulnerabilidad que, si no tienes un buen desempeño, el impacto sobre su negocio, compañía o carrera podría ser muy grande.

Adicional a esta vulnerabilidad, también está la realidad de que, en la mayoría de las relaciones de negocios, la habilidad de una de las partes para controlar las acciones de la otra parte es limitada.

Aunque la tolerancia al riesgo es diferente para todos, en general, no nos gusta lo desconocido. Debido a esto, es natural que, como seres humanos, deseemos controlar el mundo que nos rodea. Aunque hay quienes son considerados enfermos por el control, en algún grado u otro, todos aprovechamos cualquier oportunidad de ejercer control sobre las variables en que hay en nuestras vidas y negocios. Lo frustrante es que las acciones de los demás están entre las muchas cosas que no se pueden controlar, a pesar de los esfuerzos que hagamos. Todos hemos experimentado el dolor emocional, y a veces financiero, como resultado de vernos perjudicados, porque alguien traicionó nuestra confianza. Comenzando desde la misma niñez, cuando experimentamos por primera vez el dolor de la pérdida de confianza, hasta la edad adulta, estas experiencias se van acumulando, con lo cual nos volvemos escépticos y desconfiados en nuestras relaciones, protegiéndonos así de las vulnerabilidades.

La paradoja es que, lo que más deseamos en realidad es confiar en los demás. Las sospechas y el escepticismo son sentimientos incómodos. Se siente bien poder confiar en otros. La confianza representa estabilidad, un estado de bienestar que todos deseamos gozar. Algunas personas dan el regalo de la confianza con mucha más libertad que otras que, por no tener mejores palabras, viven perpetuamente en un estado de "demuéstralo". Sin embargo, la mayoría de las personas comenzarán a confiar en ti cuando les des suficiente evidencia de que cumples tu palabra y haces lo que dices que harás. Ed es uno de los mejores profesionales de ventas en la industria de minerales. En el nicho de Ed, las relaciones a largo plazo son la clave para la supervivencia. Él me dijo, "cuando alguien confía un poco, por lo general encontrará la manera de comprar algo, solo para ver si cumples tu palabra.

Cuando entregas lo que has prometido, su confianza crece, y las ventas crecen a medida que crece la confianza".

Para construir y mantener confianza en tus relaciones de negocios, debes dar evidencia consistente de que eres alguien confiable. Steven R. Covey, autor de *Seven Habits of Highly Effective People (Siete hábitos de las personas altamente eficientes)*, vincula la construcción de confianza con hacer depósitos en una "cuenta bancaria emocional". Usando esta metáfora, Covey explica que puedes construir confianza haciendo depósitos constantes en las cuentas bancarias emocionales de los demás (mediante evidencias constantes de que eres digno de confianza). A medida que haces más depósitos, en forma de promesas y compromisos cumplidos, el saldo de confianza crece en la cuenta. Por el contrario, cuando incumples tus compromisos, rompes tus promesas o haces que la otra persona no se sienta importante ni apreciada, te comportas de manera desagradable o inconsistente, estás haciendo retiros. La teoría es que, al hacer depósitos frecuentes, la confianza se mantendrá, y habrá mayor tolerancia para tus futuras indiscreciones o errores. Pero, como en cualquier cuenta bancaria, cuando haces demasiados retiros y dejas que el balance de tu cuenta quede sobregirado, entonces habrá sanciones. Pierdes confianza y pones en riesgo la relación.

Aunque muchos factores contribuyen a la confianza que tus compradores, clientes potenciales, gerentes y pares tienen en ti, la mayor moraleja de esta metáfora es que en los negocios y las ventas, la confianza es algo que te ganas. En la metáfora de Covey, cada relación comienza con un saldo en cero. Creo que las relaciones de negocios del siglo veintiuno comienzan en *rojo*. Iniciamos relaciones de negocios, porque nos motiva el valor o el retorno sobre la inversión que obtenemos por el esfuerzo que ponemos en la relación. Mientras no haya confianza, cada parte en la relación tendrá sospecha de las motivaciones del otro. Por esto, casi siempre comenzamos en un hoyo (especialmente cuando se trata de ventas), así que debes tender un cimiento de confianza, mostrando de manera consistente que se puede confiar en ti.

La confianza es el cimiento sobre el que edificas tus relaciones de negocios. Cada acción, decisión y comportamiento tiene un vínculo directo con la confianza y la afecta, ya sea de manera positiva o negativa. Si no hay confianza, no hay relación. No cerrarás tratos, ni tendrás nuevas oportunidades. Si tus empleados y tu personal de apoyo no confían en ti, no te darán su mejor esfuerzo. No lograrás ser promovido ni aumentos de salario. Si no hay confianza, no hay lealtad. No habrá segundas compras. No obtendrás referidos. Sin confianza, tu reputación se verá afectada. Esto es lo esencial: no importa cuán agradable seas, ni cuánta conexión generes, ni cuántos problemas resuelvas o cuántas cosas agradables hagas, de ninguna manera podrás hacer negocios si no hay confianza.

El statu quo es rey

En nuestro mundo de negocios actual, que tiene aversión al riesgo, el *statu quo* es rey. Ya sea que estés tratando de persuadir a otros a que acepten nuevas ideas, influenciar un cliente potencial a que cambie de proveedores, convencer a un cliente para que compre un nuevo producto, apelar a que una compañía adopte un nuevo sistema, o entrenar a un equipo de personas para que acepten un nuevo proceso, la mayor inclinación emocional, así parezca muy ilógica, siempre será hacia el *statu quo*. Incluso usamos dichos como: "no arregles lo que no está dañado", con el fin de respaldar nuestros deseos mantenernos dentro del *statu quo*. Pero, a pesar de todas las inquietudes respecto a sus competidores, para los vendedores el *statu quo* es y siempre será su mayor competidor. Incluso en situaciones insostenibles en las que el cambio es necesario para la supervivencia, la gente se aferrará al *statu quo* con frases como: "mejor lo malo conocido que lo bueno por conocer".

Recuerda que muchos prefieren la estabilidad por encima de la inestabilidad (lo desconocido). El temor, la incertidumbre, y las dudas ante lo desconocido o las consecuencias de tomar malas decisiones son imanes emocionales muy poderosos que mantienen aferrados a lo conocido a las personas a cargo de tomar las decisiones. Aunque son pocas las decisiones que no acarrean ningún riesgo, quienes toman decisiones cuentan con la confianza como clave para reducir el temor y minimizar el riesgo. Cuanto más confíen en ti, más probabilidades habrá de que te compren o acepten tus ideas de cambio. Sobre todas las cosas, la confianza vence a lo ya conocido.

Siempre estás en el escenario

Una trampa en la que muchos vendedores caen al iniciar una relación de negocios es asumir que, en la cuenta bancaria emocional, tienen más confianza de la que en realidad hay. Creen que la simpatía, el carisma, y ser agradables resultan ser aspectos más importantes que llegar a tiempo a las reuniones, estar preparado, cumplir con plazos y mantener en muy buenas condiciones su material de ventas.

Como ya lo mencioné antes, la mayoría de las personas quieren encontrar razones para confiar en ti. Aunque puedes desarrollar una conexión emocional con tu cliente potencial siendo agradable, amable y encantador, siempre debes ganarte su confianza. Así se sienta conectado contigo, cada uno de tus comportamientos y acciones están siendo evaluados y analizados para justificar con hechos sus emociones.

Es como si estuvieras en el escenario de un auditorio. En el público, se encuentran tus clientes y su personal de apoyo, tu nuevo jefe, tus clientes potenciales y tus colegas. Cada comportamiento está siendo observado. Te están observando para ver si tus acciones coinciden con tus palabras. Quizás seas amable con algunas personas, pero no con todos. Es posible que te enojes con la más mínima inconveniencia. Quizás llegaste tarde a una reunión y no llamaste antes, o no respondiste a un correo electrónico o mensaje de voz de manera oportuna. Pudiste haber perdido una pieza clave de información que tu cliente te encargó no olvidar. Quizás tus materiales de presentación o muestras no estaban en excelentes condiciones, o tu tarjeta de negocios tenía manchas. Dijiste una pequeña mentirilla blanca y te descubrieron. Tus acciones están siendo comparadas con las de otros en el escenario, y se están emitiendo juicios respecto a cuánto se puede confiar en ti.

En las ventas y en los negocios, siempre estás en el escenario, y debes controlar los comportamientos que dejas ver a los demás. Debes ejercer una gran cantidad de autodisciplina para tener control sobre cada comportamiento, promesa y acción mientras estés frente a tu audiencia. Aquí es donde se pone en práctica lo aprendido. Es en este punto donde las emociones chocan con la lógica.

Los compradores harán todo lo posible para minimizar el riesgo. En la mayoría de los casos, el proveedor conocido constituye un menor riesgo que comprarte algo a ti. Por tal razón, tu obligación es reducir el temor que siente tu comprador, demostrando con tus acciones (lo que te ven hacer) que comprarte a ti resolverá su problema y será una decisión de bajo riesgo. Una vez más, el cimiento de la confianza se construye un ladrillo a la vez, según la evidencia consistente y constante que los demás tienen en que tú eres alguien digno de confianza.

Recorre la milla extra

No hace mucho tiempo, tuve el privilegio de escuchar un discurso del entrenador Pat Dye, el exentrenador principal del equipo de fútbol americano de la universidad de Auburn. Él es hombre que, con mucho esfuerzo, salió de los caminos polvorientos de las áreas rurales del sur y llegó a ser entrenador de equipos de fútbol americano en torneos de la Conferencia Suroriental. Hacia el final de su charla, dijo: "escuchen con atención, porque voy a decirles cómo pueden llegar a ser especiales".

Miré a mi alrededor y toda la audiencia se inclinó hacia adelante. Nadie quería perderse ese secreto. El entrenador Dye hizo una pausa y recorrió el auditorio con su mirada. Luego habló: "todo lo que hagas en la vida está compuesto de dos partes: *la primera milla y la milla extra*. La mayoría de las personas hacen un buen trabajo recorriendo la primera milla. Se esfuerzan y hacen lo correcto. Pero, lo que haces en la milla extra es lo que te hace especial. En la milla extra, llegas más allá de lo que alcanzas con solo ser bueno. Das más, trabajas con más esfuerzo, empujas, practicas por más tiempo, superas obstáculos y haces lo que otros no están dispuestos a hacer".

Después de la charla, a la hora del almuerzo, tuve la oportunidad de pasar algo de tiempo con Gary, un exitoso profesional de ventas que vende productos para la industria de producción. Ha sido uno de los mejores vendedores durante casi 20 años. No tardé mucho en notar que él va la milla extra en todo lo que hace. Durante nuestra conversación, me habló de unas vacaciones que había tomado recientemente, y durante ese tiempo trabajó toda una tarde asegurándose de que el equipo de instalación de su compañía estuviera atendiendo bien a uno de sus nuevos clientes, con quien, por cierto, había estado tratando de hacer negocios durante cinco años. "Eso alegró mucho a mi nuevo cliente. Tanto, que hicieron otra orden". La mayoría de las personas habrían apagado sus teléfonos y habrían tratado con el problema a su regreso de vacaciones. Quienes van la milla extra, siempre dan más. El nuevo cliente de Gary tomó nota de sus acciones. Al ver que estaba comprometido con cumplir lo que prometía, compraron más. Demostró con evidencias que era alguien confiable.

Recorrer la milla extra es un compromiso con la excelencia. Es la disposición y la disciplina para hacer lo correcto, así nadie esté mirando. Quienes van la milla extra piensan primero en sus clientes antes que en sus comisiones. Siempre dan más de lo que se les ha pedido. Ir la milla extra te diferencia del 90 por ciento de tus competidores. Eleva tu imagen ante los demás y crea confianza. Ir la milla extra (demostrar compromiso con la excelencia) tiene un gran impacto en la toma de decisiones, ya sea de manera consciente o inconsciente entre los compradores. Cuando ellos abrazan el *statu quo* o tienen miedo de tomar una mala decisión, si vas la milla extra contraatacas sus temores y creas sentimientos de bienestar respecto a ti y la decisión de comprar tus productos o servicios.

Uno de mis dichos favoritos es: "en la milla extra, no hay congestión vehicular". Ir la milla extra es una actitud impulsada por tu sistema interno de creencias. Es un compromiso con la excelencia en todo lo que haces, incluso cuando nadie está mirando. Es comprender que la mayoría de los concursos se ganan con pequeños márgenes, y que el ganador casi siempre es el competidor que tuvo suficiente autodisciplina como para dar más ante la adversidad y el cansancio. Ir la milla extra es algo que primero sucede en el interior y luego se manifiesta en tus acciones externas. Al dar evidencia consistente de que siempre das y haces más de lo que te ha sido pedido, con el tiempo habrás construido un cimiento sólido de confianza.

Lucha por las cosas pequeñas

Cuando se trata de confianza, las cosas pequeñas hacen una gran diferencia. Aunque hay situaciones en las que un gran error de juicio puede afectar la confianza al punto de no haber vuelta atrás, en realidad esos casos no son comunes. Por lo general, cuando eso sucede es porque esa fue la culminación de muchos pequeños incumplimientos que debilitan o destruyen el cimiento de confianza.

Cosas tales como llegar tarde a reuniones, no devolver llamadas telefónicas, ser desordenado, no cumplir con los plazos, errores de escritura o gramaticales en documentos escritos, no estar preparado para reuniones, información imprecisa, comportamiento desconsiderado y no hacer seguimiento, son todos comportamientos que parecen pequeñeces. Sin embargo, con el paso del tiempo, van sumando y llevan a pensar que no eres alguien confiable.

En las relaciones de negocios, y, especialmente, en relaciones nuevas, no puedes darte el lujo de cometer un desliz. Vuelve a imaginar que estás en el escenario y todo el mundo te está viendo. Usa esto como una motivación para crear métodos que te ayuden a ser organizado, manejar tu tiempo y asegurarte de hacer todo a la perfección.

Consejo de ventas. *La perfección es la ventaja ganadora*

Los espectadores en la carrera de Indianápolis 500 de 2006 presenciaron una de las finales más espectaculares en la historia de esa competencia. Sam Hornish superó con una leve ventaja a Marco Andretti ganando por .0635 segundos. Por su victoria, Hornish se llevó a casa $1.744.855. En comparación, el segundo lugar de Marco Andretti le daba $698.505. Hornish obtuvo más del doble de lo que Andretti se llevó a casa, solo por haberlo derrotado por seis centésimas de segundo. Ese es un pago muy desproporcionado por una victoria en un margen tan minúsculo. ¡Casi parece injusto! Pero así sucede todos los días en eventos deportivos y en los negocios. La mayoría de los concursos se ganan por un margen mínimo, pero la diferencia en la recompensa por ganar o la penalidad por perder es muy grande.

¿Cómo hizo Hornish para obtener la ventaja ganadora? ¿Qué hizo la diferencia entre él y Andretti? No hay manera de saber con precisión qué le dio a Hornish la ventaja de .0635 para tener la victoria. Pudo haber sido cualquier cosa o la combinación de muchas. Podríamos revisar las actividades preparatorias de su equipo para la ejecución de la carrera, pero nunca descubriremos una respuesta definitiva.

Al final, la diferencia entre Hornish y Andretti es que Sam Hornish solo hizo más cosas bien. En otras palabras, fue perfecto con más frecuencia que Andretti, y el resultado fue un leve margen de ventaja para la victoria y un gran margen de diferencia en el premio.

¿Cuál es el punto? En los negocios, siempre hay competidores fuertes, siempre hay mucho en juego y el margen de victoria casi siempre es mínimo. Todo lo que hagas tiene el potencial de cambiar el resultado en la columna de ganancias o pérdidas. En las ventas, diferente a una carrera de autos, perder suele equivaler a irnos con las manos vacías. Pero, lo más frecuente es que el ganador sea la persona que haga más cosas a la perfección, se rehúse a tomar atajos, y tenga la autodisciplina para ir la milla extra.

Dicho en términos simples, para ganar, debes ser perfecto en todo. Tus interacciones interpersonales, preguntas, seguro, y presentación deben ser perfectos. Cada detalle, desde tu manera de vestir, tu sonrisa, tu forma de caminar, de hablar, la limpieza de tu auto, la organización de tus materiales y tus modales deben ser perfectos. No hagas nada que ponga en duda tu confiabilidad. Aunque quizás nunca sepas cuál sea la ventaja ganadora, siempre puedes estar seguro de que el ganador hace más cosas a la perfección que el perdedor.

Aprovecha a tu equipo de apoyo

En los negocios de hoy, hay pocos lobos solitarios. En cierta medida u otra, cuentas con el apoyo de otros. Los profesionales de ventas de mayor éxito han aprendido a aprovechar a sus equipos de apoyo para crear confianza con sus prospectos y sus clientes. Mantienen relaciones estratégicas constantes con las personas que en sus compañías tienen los recursos y los conocimientos para respaldarlos en el proceso de ventas con investigaciones competitivas, ingeniería de preventas, garantías y presentaciones de ventas, investigación y comparación de productos, cadena de suministro y anticipación, presentaciones de equipo, financiamiento, implementación y mucho más. Al involucrar a un diverso grupo de personas especializadas en áreas clave, ellos pueden ofrecer soluciones más robustas y relevantes para los problemas de sus clientes. Como delegan tareas clave a su personal de apoyo, tienen más tiempo para dedicar a desarrollar las relaciones.

El uso efectivo de tu equipo de apoyo requiere comenzar a trazar el proceso de ventas y responder preguntas clave sobre las personas que toman decisiones, los influenciadores, los competidores, los productos y servicios, y tu metodología de compromiso, justo en el momento cuando surja una nueva oportunidad. Cuando se trata de estrategia, soy un fanático de la metodología de ventas de Miller-Heiman. No importa qué funcione mejor para ti, es de suma importancia planear y organizar dando respuestas a preguntas clave. Esto garantiza que, al buscar la ayuda de tu personal de apoyo, sabrás qué pedir y respetarás su tiempo teniendo lista la información que necesitan.

Cuando tu equipo ya esté comprometido, debes dar comunicación consistente y constante. Uno de mis dichos favoritos es "en Dios confiamos, todos los demás seguimos". La comunicación es crítica, porque asegura que tu equipo de apoyo de ventas sigue comprometido con el trato que has hecho y mantiene la pelota en movimiento. Demuestra que te interesa y te mantiene conectado con las personas que necesitas de tu lado. La comunicación frecuente también te da la oportunidad de dar opiniones positivas y mostrar aprecio. Esto, a su vez, motiva al personal de apoyo a trabajar con más esfuerzo para ti. Muchos vendedores no se comunican con frecuencia y terminan luchando en el último momento porque no se han hecho o no se han terminado las tareas clave. Estos mismos vendedores no tardan en culpar a su personal de apoyo cuando, en realidad, los únicos culpables son ellos mismos. Como tú recibes comisiones, tienes la responsabilidad de comunicarte de manera consistente y hacer seguimiento, no al revés.

Siempre me han molestado los profesionales de ventas que tratan con indiferencia a su personal de apoyo. Y son peores los exigentes y groseros, en especial cuando se trata de solicitudes de último minuto que crean molestias e inconvenientes entre las personas que necesitan de su lado. Usa las palancas de *La gente compra por usted* para construir relaciones con tu equipo de apoyo. Recuerda que el personal de tu equipo de apoyo son personas como tú. Quieren ser respetados, hacer un trabajo que valga la pena y sentirse importantes y apreciados. Toma tiempo para conocer a cada uno de los que hacen parte del equipo de apoyo. Identifica qué los anima a trabajar. Comprende las compensaciones que reciben, cómo les gusta operar y cuál es su mayor experiencia. Dales el mismo respeto que quieres recibir. Y, sobre todo, asegúrate de agradecerles por el trabajo que hacen.

Si tu equipo de apoyo no entrega aquello con lo que te has comprometido, eso es un fuerte golpe al cimiento de confianza que tienes con tus clientes. Por tal razón, debes responsabilizarte y rendir cuenta por sus acciones. Esto requiere tanto la planeación estratégica que mencioné antes, como liderazgo. Pero debes entender que liderar un equipo de apoyo no es como dirigir empleados. En la mayoría de los casos, estas personas no trabajan para ti y tú no tienes autoridad para decirles qué hacer. En lugar de eso, debes convencer a tu equipo de apoyo a ventas que trabajen a favor de tus mejores intereses, no porque deban hacerlo, sino porque quieren hacerlo.

Tu compromiso es planear y organizar en torno a objetivos estratégicos; es tener autodisciplina para comunicarte y hacer seguimiento de manera efectiva; es trabajar para crear y mantener relaciones que los hagan desear ayudarte. Y, con el respeto y la confianza que has desarrollado por medio de las relaciones que has construido a lo largo del camino, encontrarás que una manera poderosa de crear confianza y superar el *statu quo* es aprovechar tus recursos corporativos.

Respuesta

Pocas personas esperan que tú o tu compañía sean perfectos. Saben que tarde o temprano algo saldrá mal. Pero, si no esperan perfección, sí esperan una respuesta rápida y oportuna. Cuando hay una pregunta, un problema, una inquietud, un servicio interrumpido, o algún problema de cualquier clase, y tu prospecto, tu cliente, el jefe, o algún colega te contacta por teléfono o por escrito, tienes una oportunidad de oro para crear confianza.

Parece contradictorio que, con un error, puedas cimentar tus relaciones de negocios. Pero recuerda que todo el mundo te está mirando, buscando evidencias de que seas confiable. Cuando la gente te pide ayuda, tienen la oportunidad de verte en acción. Cuando tu respuesta es rápida, resuelves su problema y tu comunicación de seguimiento es oportuna, entonces estás dando una clara evidencia de que eres digno de confianza.

Admite cuando te equivocas y discúlpate

Tarde o temprano vas a cometer un error y defraudarás a alguien. Cosas como no cumplir con un compromiso, tener que retractarte de una promesa, o pasar por alto una reunión o una llamada no deberían suceder, pero pasan. Cuando cometes un error, enfrenta la situación lo más pronto posible y discúlpate. Disculparse y admitir en qué te has equivocado les da a los demás la oportunidad de ver tu carácter. Las disculpas sinceras son aceptadas y apreciadas, y demuestran tu integridad (siempre que no te disculpes por el mismo error una y otra vez).

Hace unos años Denise, una representante de ventas de servicios de uniformes, se encontraba en la misma sala con Ron, el gerente de compras en de una planta de Fuji Film en Carolina del Sur. Ella estaba completamente avergonzada. Había tardado meses tratando de lograr una cita y ahora todo era un desastre. Con su gerente de ventas al lado, había visto con horror como Ron sacaba una cámara desechable Kodak del paquete que tenía frente a él. El paquete hacía parte de la promoción de mercadeo que la oficina corporativa de Denise enviaba a clientes potenciales de mucho valor. La idea era que el cliente potencial tomara una foto de los uniformes que sus empleados usaban y la enviara de vuelta para ganar un premio (el cual, desde luego, sería entregado por el vendedor). Había sido una promoción exitosa, pero este paso en falso era más que vergonzoso.

Ron puso la cámara sobre la mesa y dijo: "todos ustedes deberían tener más cuidado de lo que envían. ¿Podrían, por favor llevarse esto cuando se marchen?" Denise y su gerente de ventas se disculparon muchas veces, pero la conversación después de eso fue corta. Denise no podía creer que tuviera tan mala suerte. Esa cita le había costado sangre, sudor y lágrimas. Ahora, por un tonto error, ya no tenía ninguna oportunidad de ganar esa cuenta.

En el camino de vuelta a la oficina, su jefe tuvo una idea. "Él dijo que necesitábamos una disculpa más creativa para volver a estar del lado de Ron. Dijo que debíamos hacerlo reír porque esto en realidad era algo chistoso. Yo no estaba riéndome, pero haría lo que fuera para volver a tener una oportunidad".

"Nos detuvimos y compramos varias cámaras desechables Fuji, llamamos al departamento de mercadeo y les pedimos que nos enviaran un paquete promocional vacío".

"La idea de mi jefe era sencilla. Nos sentamos en su oficina y juntos escribimos un poema autocrítico acerca de nuestro desafortunado error. Fue muy divertido. Luego tomamos una foto de los dos rodeados de las cámaras Fuji Film. Revelamos las fotografías y pusimos el poema, la fotografía de nosotros y la cámara Fuji Film en el paquete promocional, y lo enviamos para que llegara al día siguiente a la oficina de Ron. Yo estaba muy nerviosa al día siguiente cuando lo llamé para verificar que había recibido el paquete. Cuando tomó el teléfono estaba riéndose, y con una voz amable dijo: 'disculpas aceptadas. ¿Cuándo quieres volver?' Después de eso, desarrollamos una relación muy abierta. Ron siempre recibió mis llamadas telefónicas y me trató con respeto y amabilidad. Esa disculpa lo cambió todo, y tiempo después logré tener la cuenta".

A menudo, las disculpas, así como en el relato de Denise, fortalecen las relaciones cuando se hacen de la manera correcta. La clave es tener humildad (haz tu orgullo a un lado), y sé oportuno y sincero. Algo de humor o creatividad puede lograr mucho, en especial cuando se trata de una situación vergonzosa.

Escuchar construye confianza

A diferencia de la simpatía, la cual se da de forma instantánea, la confianza es algo que se construye con el tiempo. Sin embargo, si hay una vía rápida para ganar confianza, esa es escuchar. Cuanto más escuches a otra persona, más confiará en ti. Hace años un representante de ventas que trabajaba para mí siempre vendía más que todos en toda mi región. Fui a verlo para saber qué hacía. Billy me explicó que había revisado los archivos y había localizado exclientes que ahora hacían negocios con nuestros competidores. ¡La mayoría de nuestros representantes de ventas se mantenían alejados de quienes antes habían sido nuestros clientes! Las principales razones por las que esos clientes nos habían dejado se debían a quejas respecto a precio, producto o deficiencias en el servicio. Si los llamabas, podías escuchar toda clase de razones por las cuales nos odiaban.

Pero Billy disfrutaba las llamadas, "tomo el asunto sin rodeos. De forma directa, les pido que me digan por qué dejaron de hacer negocios con nosotros. Todos tienen una historia y simplemente los escucho. Cuando ven que no pienso interrumpirlos ni discutir, siguen hablando. Pero, en algún momento, después que se les ha agotado la lista de cosas negativas que dicen respecto a su experiencia con nosotros, también comienzan a quejarse de la compañía con la que están haciendo negocios en este momento. Yo solo sigo escuchando. Y, poco después, lo que no les gustaba de nosotros ya no suena tan malo cuando lo comparan con los problemas que tienen con nuestro competidor. Cuando llega el momento adecuado, le explico en qué hemos cambiado y cómo.

Luego, con la información que me han dado, estructuro un nuevo programa para resolver sus problemas. La mayoría de ellos vuelven. Creo que, en realidad, desean que alguien los escuche".

Billy escuchaba y no juzgaba, no discutía no interrumpía. Esto evidenciaba que era alguien confiable. Cuanto más escuchaba, más confiaban en él, y en menos de nada, el excliente que tenía todas las razones para no confiar en él se sentía lo suficientemente cómodo para revelar que no estaba feliz con nuestro competidor, y esto abría la puerta para ganarlo de nuevo.

Comportamiento coherente

El comportamiento inconsistente es una bandera roja cuando se trata de confianza. Cuando no eres predecible, es difícil que la gente confíe en ti. Esto nos lleva de vuelta a la metáfora de los negocios como un escenario. En este punto, tus comportamientos están en todo el centro. Cuando te sales del personaje (por ejemplo, si sueles tener un comportamiento relajado y profesional, pero en un momento de enojo pierdes los estribos), eso afecta la confianza que el cliente tenga en ti. Si se repiten, al combinarlos, estos eventos comienzan a derrumbar tu cimiento de confianza. El comportamiento inconsistente puede generar daños irreparables. Como todos lo sabemos, esto ha descarrilado carreras prometedoras, ha arruinado campañas políticas y ha hundido muchos tratos de negocios. Tú puedes controlar lo que otros pueden ver. Piensa antes de hablar. Aprende a hacer una pausa y considera las consecuencias de una acción precipitada. Cuando se trata de confianza, no te puedes dar el lujo de relajarte y bajar la guardia. Siempre estás en el escenario.

Resumen

Sin confianza, no puedes ser eficiente en los negocios. Es el cimiento sobre el que descansan todas las relaciones. Para construir y mantener confianza en tus relaciones de negocios, debes dar evidencia *consistente* de que eres confiable. En las ventas y los negocios siempre estás en el escenario. Por tal razón, es esencial controlar los comportamientos que dejas ver a los demás. Debes ejercer una gran cantidad de autodisciplina para tener control sobre cada comportamiento, promesa y acción mientras estés frente a otros. Es de suma importancia que desarrolles la disciplina para controlar tus comportamientos de manera consistente, cumplir con tus compromisos y mantener tus promesas.

7

CREA EXPERIENCIAS EMOCIONALES POSITIVAS

L levaba tres semanas completas viajando, cumpliendo con compromisos de conferencias en reuniones nacionales de ventas, entrenamientos para personas de negocios y trabajando en reuniones de consultoría. Enero había estado lleno de muchos compromisos. Estaba en el aeropuerto de Burbank el viernes en la noche, mirando la palabra RETRASADO frente a la información de mi vuelo, me estaba recriminando por haber programado un entrenamiento de fin de semana en San José. Lo había embutido entre una conferencia en una reunión nacional de ventas en Los Ángeles y otra reunión nacional de ventas en Orlando el lunes siguiente. Llevaba casi un mes saltando de ciudad en ciudad sin haber descansado y sin tiempo para ir a casa. Estaba exhausto, mi actitud había decaído y no mejoró en nada cuando finalmente pude tomar mi vuelo. Habría hecho cualquier cosa para no tener que ir a ese compromiso. No podía creer lo tonto que había sido al aceptarlo. El dinero no valía la pena.

Cuando salí del avión en San José a las 8 p.m, estaba exasperado. Tirando de mi maleta desgastada por los viajes, salí de la terminal para tomar un taxi y llegar al hotel. Pero entonces vi un cartel con mi nombre escrito en él. Es verdad, ¡un cartel con mi nombre! Tuve que mirar dos veces para asegurarme. Ahí, frente a mí, estaba la directora ejecutiva de la compañía, con el cartel en sus manos, esperándome. Traté de no mostrar sorpresa, procuré sonreír y me acerqué para saludarla. "No esperaba que me recibieran".

Cheri me sonrió y dijo; "sé lo difícil que es pasar un fin de semana lejos de casa y pensé que quizás le gustaría que lo llevara. ¿Puedo invitarlo a cenar?".

Salimos al estacionamiento y pusimos mi equipaje en la parte trasera de su camioneta. Luego me dirigí al lado del pasajero y abrí la puerta. Si eres como yo, es probable que tengas algo de desorden en la silla del pasajero de tu auto. En mi auto, sirve de escritorio. Cuando llevo a alguien en mi auto, tengo que seguir el ritual de vaciar la silla del pasajero para que tenga dónde sentarse. Así que cuando abrí la puerta del auto de Cheri y vi algunas cosas sobre la silla del pasajero, esperé amablemente a que las quitara. En la silla, había lo que parecía ser un regalo de cumpleaños, un par de botellas de agua y unas barras energéticas. Pero mientras yo esperaba, ella no hizo ningún esfuerzo por quitar las cosas de la silla.

Finalmente me miró y dijo: "eso es para usted. Pensé que quizás le sería útil algo refrescante después del viaje". De inmediato, me impactó su consideración. Comencé a sentirme culpable por mi mala actitud. Le agradecí por su amabilidad, tomé las cosas y me senté. Luego tomé el regalo de cumpleaños y le pregunté si debía ponerlo en la silla de atrás. Ella meneó la cabeza y dijo, "no, eso es para usted".

"Pero no es mi cumpleaños". Protesté.

"Bueno, en algún momento ha de cumplir años ¿verdad?".

"Sí, supongo que sí".

"Entonces, feliz cumpleaños".

En ese momento, yo ya tenía una sonrisa de oreja a oreja. Se sintió muy bien recibir un regalo sorpresa. De repente me sentí energizado y recuperé mi actitud positiva. "¿Puedo abrirlo?".

Ahora, ella también estaba sonriendo. "Claro que sí".

Dentro del paquete estaba un libro nuevo muy popular que había querido comprar. Lo había mencionado en nuestra última conversación y ella lo tuvo en cuenta. Me agradó su gesto y me asombró que prácticamente una desconocida pudiera ser tan amable.

Ese intercambió creo una conexión de inmediato. También me motivó a dar lo mejor de mí. Di todo lo que tenía y más. Durante el siguiente año, mantuve mi enfoque en la compañía de Cheri y les ayudé a desarrollar nuevas estrategias de crecimiento. Hice llamadas de seguimiento y también di entrenamiento de manera espontánea. Gran parte del trabajo que hice después de nuestra reunión inicial fue gratuito. Les di de mi tiempo, porque me sentía bien devolviendo el buen trato que Cheri había tenido conmigo.

La ley de la reciprocidad

Ahora, no estoy diciendo que deberíamos trabajar gratis. Compartí esta historia para ilustrar el verdadero poder que hay en *crear experiencias emocionales positivas* para los demás. En su libro clásico, *Ultimate Success (Éxito al máximo)*, Frank Beaudine escribe que la ley de la reciprocidad es una de las más grandes verdades en la vida, porque, cuanto más damos, más recibimos. Robert B. Cialdini, autor de *The Psychology of Persuasion* (*La psicología de la persuasión*), va un paso más allá y dice: "una de las armas más potentes de la influencia alrededor de nosotros es la ley de la reciprocidad. Esta dice que debemos tratar de devolver, en especie, lo que otra persona nos ha dado". En términos sencillos, la ley de la reciprocidad explica que, cuando alguien te da algo, sientes la obligación de devolver.

Ten presente que, aunque la ley de la reciprocidad dice que, cuando les das a otros, ellos *sentirán la obligación* de devolver, no está diciendo que en efecto *lo harán*. Es probable que algunas personas nunca devuelvan algo a cambio de tu buen trato. Eso es porque la búsqueda deliberada de la reciprocidad, o, dicho de otra forma, tomar la reciprocidad como una transacción, (te doy algo de valor a ti y por ende tú me debes dar algo de valor equivalente), no funciona. Si lo haces de esa forma, quedarás hastiado y frustrado, porque esas expectativas, de muchas maneras, son solo resentimientos premeditados. Lo que sí funciona es crear experiencias positivas emocionales para los demás, porque tienes un deseo genuino de darles gozo sin ninguna expectativa de obtener algo a cambio. Esto requiere tener fe en que, cuando das con sinceridad y con las razones correctas, el universo tiene una manera asombrosa de igualar las cosas y devolverte multiplicado, ya sea de manera directa o indirecta.

Por desgracia, muchas personas eligen ignorar esta verdad universal y prefieren vivir con el lema "yo primero". Estoy seguro de sabes quiénes son esas personas en tu vida. Ellos afirman que han "tratado de ayudar a otros, pero no funciona, porque todo el mundo quiere aprovecharse de ellos". No tienen fe en la ley de la reciprocidad. En las ventas y en los negocios, esa actitud tiene un impacto significativo e importante en las relaciones y en el potencial de ganancias a largo plazo. Muchos vendedores ven a sus clientes potenciales, compradores, empleadores y colegas como simples salarios. Para ellos, las relaciones de negocios son un medio para un fin. En lugar de tener genuino interés en resolver los problemas de sus clientes, proporcionar valor o ayudar a otros, tienen un interés genuino en hacer la venta, recibir su salario u obtener algo que desean. Sin duda, todos tenemos ejemplos de personas que han sido recompensadas, al menos de manera temporal, por esa actitud de pensar en ellos primero. A pesar de esto, lo único que puedo decirte con certeza es que recibimos lo que damos.

Para todos y en todo, en algún momento las balanzas se igualan.

Anclaje

En las ventas y en los negocios, la ley de la reciprocidad es tu aliada porque puedes usarla para anclar tus relaciones. En el mar, un ancla crea un vínculo entre el lecho oceánico y una embarcación. Un gran gancho de metal en el suelo del océano está unido al barco con una cadena. Esa unión hace que la embarcación permanezca en un solo lugar y segura.

Es importante notar que las anclas no se pueden lanzar al lecho del mar y olvidarlas ahí. Los capitanes deben estar supervisando constantemente sus anclas para asegurar que están bien agarradas y que no se están arrastrando. Los constantes cambios en el viento, las corrientes, la marea y el lecho del mar conspiran para desenganchar el ancla y dejar el barco a la deriva, todo un potencial desastre.

Las relaciones también necesitan un ancla. En las relaciones, un ancla crea un vínculo emocional entre tú y otra persona. Esto ayuda a mantener la relación unida y segura. De la misma manera que las anclas en los barcos, las anclas emocionales que mantienen firmes tus relaciones necesitan ser vigiladas. Las relaciones que se ignoran terminan a la deriva.

Lamentablemente, muchos vendedores piensan que, después de hacer la venta, el cliente seguirá comprando, porque le gusta el producto o servicio. Se engañan a sí mismos creyendo que su producto, servicio, proceso o precio son únicos y por eso el cliente seguirá comprando. Sin embargo, la mayoría de los clientes no ven las cosas de esa manera. Para ellos, todos son iguales. Son pocos los vendedores que no han escuchado las palabras (de una u otra manera), "todos ustedes son iguales". La cruda realidad es que tan pronto olvidas mostrar aprecio por tu cliente, otra persona lo hará. En el mundo en el que *La gente compra por usted*, si pierdes esa conexión, estás perdido. La realidad es que, cuando cierras un trato hay 10 vendedores más detrás de ti vendiendo productos o servicios similares. Nunca olvides que tu cliente te compró a *ti*. Los productos se pueden duplicar, pero no. Sin embargo, si no haces que tus clientes piensen en *ti*, tarde o temprano otra persona vendrá y los conquistará.

Hay un dicho que afirma *siempre déjalos con ganas de más*. Este dicho se aplica más que todo a artistas que trabajan en el escenario, actores, oradores, músicos y comediantes. Pero se ajusta igual para los profesionales de negocios. En este punto, estoy comenzando a sonar como un disco rayado (para los que recuerdan qué es un disco). No obstante, es necesario que no olvides que, como profesional de los negocios, siempre estás en el escenario. Si quieres cerrar más tratos, mantener relaciones a largo plazo, retener tus clientes y hacer que tu carrera siga creciendo, con cada interacción debes procurar dejar a los demás con ganas de más. Muchos compradores preferirían pasar una hora en la silla del odontólogo haciéndose un tratamiento de conductos que estar una hora con un vendedor.

Pero ¿qué tal si tus clientes de verdad esperaran tus llamadas o tus visitas? ¿Qué tal si tus clientes les dijeran a tus competidores que nunca te dejarán? ¿Qué tal si fueran más condescendientes ante las inevitables falencias y problemas en el servicio? Las llamadas y las reuniones serían muy diferentes si la gente estuviera ansiosa por encontrarse contigo. Solo piensa en cómo esto neutralizaría los esfuerzos de tus competidores por robarte los clientes. Todo esto, *y mucho más*, es posible cuando creas experiencias emocionales positivas.

Crear experiencias emocionales positivas te ancla a los demás. Cuando haces cosas que les agradan a tus clientes potenciales, a tus clientes actuales, empleados y colegas, mejoras tus conexiones y creas confianza. Y esto hará que los demás sientan una obligación espontánea por dar algo a cambio. En las relaciones de negocios, lo que se devuelve puede ser de forma directa como negocios adicionales, referidos o contratos firmados. Pero te recuerdo que nunca debes crear experiencias emocionales positivas para los demás con la expectativa de obtener una retribución directa.

La obligación más poderosa que otros puedan darte a cambio por las cosas buenas que haces por ellos se llama lealtad. Mientras una retribución directa puede ser un evento único, la lealtad es constante. Ganas lealtad a largo plazo a medida que las experiencias emocionales van sumando y tu cliente comienza a confiar en que de verdad te interesas por él. La lealtad deja por fuera a tus competidores. La lealtad perdona errores. La lealtad genera referidos. La lealtad te da información privilegiada, mueve tus facturas a los primeros lugares de las cuentas por pagar, te abre puertas, te da una mano y habla a los oídos de otros. La lealtad pelea por ti.

No cuesta nada ser amable (las pequeñeces son cosas grandes)

Considera este relato que, según se dice, el legendario entrenador Bear Bryant contó en la reunión de un club de fútbol americano. Era su primer año como entrenador y había viajado al sur de Alabama para un reclutamiento. Se detuvo a almorzar en un lugar al lado del camino. No era un gran sitio, pero el entrenador Bryant dijo que la comida era muy buena. Estando ahí, el propietario supo que el nuevo entrenador principal de los Crimson Tide estaba en su restaurante. Le pidió al entrenador Bryant que le enviara una fotografía autografiada para colgarla en las paredes de su restaurante. El entrenador escribió en una servilleta el nombre del propietario y la dirección, agradeció por el almuerzo y partió.

Según el entrenador Bryant, "al volver a Tuscaloosa, tarde esa noche, saqué la servilleta del bolsillo de mi camisa y la puse bajo mis llaves para no olvidarla. En ese entonces, me emocionaba que alguien quisiera una foto mía. Al día siguiente, encontramos una fotografía y escribí en ella, 'gracias por el mejor almuerzo que he tenido en mi vida'".

Años después, cuando el entrenador Bryant se había hecho famoso, visitó la misma zona porque estaba reclutando a un joven que tenía muchos deseos de tener en su equipo. Por desgracia, el joven estaba obstinado en firmar con el archirrival de los de Alabama, los Auburn. Nada pudo convencerlo de otra cosa, y, después de todos sus esfuerzos, el entrenador Bryant empacó y volvió a casa con las manos vacías.

"Dos días después, estaba en mi oficina en Tuscaloosa y sonó el teléfono, era aquel joven que había rechazado mi propuesta, y dijo, 'entrenador, ¿todavía me quieren en Alabama?' Yo dije, 'claro que sí'. Entonces, él dijo, 'está bien, iré'. Así que le pregunté, 'bien, hijo, ¿qué te hizo cambiar de opinión?'".

"Él dijo, 'cuando mi abuelo se enteró, que tenía la oportunidad de jugar para usted y que la había rechazado, cambió su tono y me dijo que no debía jugar en ningún otro lugar sino en Alabama y que no iba a jugar para nadie más sino para usted. Él tiene un muy alto concepto de usted y así ha sido desde que ustedes se conocieron".

"Bueno, yo no sabía de quién estaba hablando, así que le pregunté quién era su abuelo, y él dijo, 'quizás no lo recuerde, pero usted comió en su restaurante en el primer año que estuvo en Alabama y le envió una fotografía que él ha conservado en ese lugar desde entonces. Él se siente orgulloso de esa foto y todavía cuenta la historia de cuando Bear Bryant estuvo en su restaurante".

"Mi abuelo dice que cuando usted se fue, no creía que usted se acordaría de enviarle la fotografía, pero usted cumplió su promesa, y para mi abuelo, eso significa todo. Él dijo que usted podía enseñarme más que fútbol americano, y que debía jugar para un hombre como usted, así que supongo que lo haré".

El entrenador terminó diciendo, "quedé asombrado. Pero aprendí que las lecciones que me enseñó mi abuela siempre fueron ciertas. 'No cuesta nada ser amable'".

Este relato ilustra el impacto duradero que tienen los pequeños actos de amabilidad y el gran poder de la ley de la reciprocidad. Sin duda, grandes experiencias como llevar a un cliente que le encanta NASCAR a las pistas para conocer a su piloto favorito, puede costar miles de dólares, pero también creará recuerdos perdurables. Sin embargo, ser considerado tampoco tiene que costar. En muchos casos, pequeños gestos pueden tener mucho más significado que los grandes. Recordar el cumpleaños de un cliente o un importante evento familiar, enviar una nota de agradecimiento escrita a mano, o dejar un mensaje de voz dando felicitaciones, son formas sencillas y prácticamente gratuitas de crear experiencias emocionales positivas. Se trata de ser creativo, de hacerlo personal, y tener la autodisciplina para hacerlo.

Desarrolla un sistema disciplinado

Crear experiencias emocionales positivas significa actuar para hacer algo amable por otra persona, solo con el fin de hacerla sentir bien. La disciplina de tomar la iniciativa y hacerlo es esencial. Muchas personas tienen la intención de crear experiencias emocionales positivas, pero pocas en realidad lo hacen. Las buenas intenciones no son nada. Todos los días tendrás oportunidades de crear experiencias emocionales positivas para otros. Será difícil aprovechar esas oportunidades si no tienes un sistema para hacer seguimiento. Tu sistema debe estar diseñado para ayudarte a mantener el rumbo y recordar cumpleaños, aniversarios y eventos especiales. Debe tener procesos que te faciliten hacer cosas como notas escritas a mano. También debe recordar eventos particulares tales como encontrar y enviar un libro que quizás le guste a tu cliente. También deberías tener un sistema para planear eventos más grandes y asegurarte de no olvidar detalles importantes que ayudan a personalizar el evento.

Sistema de gestión de relaciones con el cliente

Los programas modernos de CRM como SalesNexus. com, Landslide.com, SalesForce.com, y ACT tienen la capacidad de manejar esto por ti. Toma buena nota. Registra todo en tu programa de CRM. Sé sistemático y ten autodisciplina para recolectar y grabar datos que apoyen tus esfuerzos para crear experiencias emocionales positivas únicas y personalizadas.

Asistentes

Si tienes la fortuna suficiente de contar con un asistente, haz que organice el sistema y delega lo que más puedas.

Un asistente puede hacer milagros cuando se trata de crear experiencias emocionales positivas, y, al mismo tiempo, te permite mantener la concentración en actividades de mayor valor. Si tu compañía no te facilita un asistente, considera contratar un asistente virtual. Los asistentes virtuales trabajan por horas, son relativamente económicos y se ocuparán de muchas de las cosas pequeñas que hacen una gran diferencia con el tiempo.

Robert Louis Stevenson dijo, "no juzgues cada día por la cosecha que recoges, sino por las semillas que siembras". La ley de la reciprocidad dice que debes pagar con antelación. Solo recibes lo que das. Si no das, no recibes nada. Quisiera que fuera diferente. Quisiera que pudiéramos parpadear, ondear una varita, o mover nuestras narices y con eso hacer todo el trabajo duro de crear experiencias emocionales positivas. Pero, como todos sabemos, así no es como funciona.

Experiencias emocionales positivas

¿Por qué uso el término experiencia emocional positiva? Porque recordamos lo que experimentamos. Cuanto más emocional sea la experiencia, más arraigada quedará en nuestros pensamientos. Mientras hacía entrevistas para este libro, escuché muchos relatos y testimonios únicos acerca de crear experiencias emocionales positivas.

Un profesional de ventas que entrevisté me relató esta historia. "La persona que tomaba las decisiones para una cuenta grande en mi territorio era el vicepresidente de operaciones. Él se había mudado unos años antes para aceptar ese cargo. Tras varias reuniones, supe que de verdad le hacía falta su hogar. Una de las cosas que más extrañaba eran las costillas de un sitio llamado Rendezvous. Hacía un mes le había presentado una propuesta, pero no avanzaba en la decisión. Yo le presentaba buenas cifras y, si hacía la compra, sería un gran ahorro en costos para su empresa. Pero, por alguna razón él no se atrevía a tomar una decisión. Siempre me decían que se les estaba dificultando decidir qué hacer, y mi competidor había pedido un poco más de tiempo para poder ordenar las cosas. Yo ya estaba molesto. Ese competidor los había estado afectando por años. No podía entender por qué no lo notaban. De repente, ¡me vino una idea a la cabeza! Pensé en un envío de costillas de Rendezvous. Llamé y lo invité a almorzar. Él accedió y me preguntó a dónde quería ir. Yo dije, 'no se preocupe, yo llevo el almuerzo'. Hice que me hicieran un envío rápido de cuatro costillares completos con sus acompañamientos. Al día siguiente, tuvimos un excelente almuerzo. Él dijo que llevaba tres años sin haber ido a Rendezvous. Por la mirada en su cara, pude decir que estaba en el cielo de los cerdos (perdón por la ilustración). Después de almorzar, no dejaba de darme las gracias. Nos despedimos con un estrechón de manos y me fui. No le pregunté nada sobre el negocio, y en realidad no hablamos nada de negocios. Éramos solo dos amigos almorzando. Una semana después, me llamó para decir 'felicitaciones'. Les hemos asignado el contrato a ustedes".

Hay muchas oportunidades creativas de añadir gozo a las vidas de tus clientes potenciales, compradores, gerentes y colegas. Hay cientos de historias, grandes y pequeñas, que refuerzan el poder de crear experiencias emocionales positivas para los que nos rodean:

- Una llamada telefónica para felicitar por un logro.
- Una nota de gratitud escrita a mano.
- Tarjetas de cumpleaños.
- Tarjetas de aniversario.
- Un recorte de periódico o revista enmarcado con la noticia acerca de un cliente que recibió un premio, o un artículo acerca de su compañía.
- Un regalo inesperado conmemorando una ocasión especial.
- Boletos para un concierto junto con acceso especial VIP.
- Entradas a un gran evento como MastersR , la serie mundial, o Daytona 500.
- Cenas únicas.
- Lograr que un cliente pueda conducir un auto de carreras.

- Ayudar al hijo de un cliente para que obtenga una entrevista, una lección de golf, una reunión con una persona importante.

- Enviar flores a un funeral.

- Dar una fotografía autografiada de una celebridad.

- Una ronda de golf en un club exclusivo.

Las experiencias emocionales positivas son más profundas y funcionan mejor para crear anclas emocionales cuando tus acciones son consideradas y personales. Para saber cuál es el paso correcto en tu situación, debes escuchar y ser creativo. Una gerente de cuenta me habló sobre una tarjeta que le envió a uno de sus clientes. "Su esposa acababa de tener un bebé. Un día lo estaba llevando en mi auto y lo vi estresado y cansado. Así que conseguí una tarjeta chistosa y escribí: 'toma algo de tiempo para ti. Los que acaban de ser padres también necesitan descansar'. Eso en realidad le impactó. Ya han pasado dos años y todavía me agradece por pensar en él". Las oportunidades son inagotables.

Presta atención a revelaciones personales (escucha con todos los sentidos)

El secreto para descubrir oportunidades de creación de experiencias emocionales positivas personalizadas e intencionales que proporcionen una sensación de aprecio y valor entre los que las reciben, está en escuchar con todos los sentidos, prestando atención a las revelaciones personales. Recordarás que, cuando escuchas, los demás se sienten conectados contigo. Cuanto más conectados se sientan, más hablarán de sí mismos. Si concentras toda tu atención en la persona que está frente a ti, y escuchas con tus ojos, oídos, y corazón (empatía), llegaras a las áreas que son de importancia emocional para ellos. Concentra tu atención en esto, y pronto encontrarás oportunidades para crear experiencias emocionales positivas que tengan importancia emocional. La clave es no dejar de buscar oportunidades para crear esas experiencias emocionales positivas, sean grandes o pequeñas.

Adam es un ejecutivo de cuenta regional para una compañía de servicios del listado Fortune 500. Siendo un talentoso y exitoso profesional de ventas, tiene la habilidad de crear experiencias emocionales positivas para sus clientes. En una ocasión, Adam estaba trabajando con una cuenta muy grande y compleja para un concesionario de maquinaria pesada. Si cerraba ese trato, ganaría el mayor premio en ventas, un viaje a Hawái y un gran bono. Había mucho en juego. Siempre que se reunía con Cheryl, la gerente de compras, ella hablaba de su hija, que estaba jugando en el equipo de baloncesto de la Universidad de Kentucky. Tenía fotografías de ella por toda su oficina. Para Adam, era evidente que ella se sentía muy orgullosa de su hija. La misma hija de Adam, que era mucho más joven, también jugaba baloncesto, así que tenían un tema de conversación en común.

Adam quería hacer algo para Cheryl a fin de compenetrar más la relación con ella. Pensó en conseguir entradas a un juego de la WNBA para Cheryl y su hija, pero debido a políticas de la compañía, ella no podía aceptar ningún tipo de regalo, ni siquiera un almuerzo. Adam estaba desconcertado. El proveedor que ya tenían una larga trayectoria y mayor acceso. Adam necesitaba a Cheryl de su lado para tener alguna oportunidad de lograr el contrato. La fecha para entregar la propuesta ya estaba cerca, así que no le quedaba mucho tiempo.

Luego, tuvo una gran idea, "iba conduciendo de vuelta a casa después de una cita con Cheryl cuando pensé en esto. La mayor fuente de orgullo y gozo para ella, era que su hija

estaba jugando en la División I de Baloncesto de la NCAA.
Debía hacer algo que tocara esas emociones. Tan pronto llegué a casa, busqué en internet y compré un balón de baloncesto con el logo de Kentucky. Tan pronto llegó, se lo envié a
ella para que llegara al día siguiente, lo puse en un paquete
junto con un marcador Sharpie y una nota. En la nota solo
le pedí que si podía hacer que su hija autografiara el balón
para mi hija. Al día siguiente, Cheryl me llamó. Estaba muy
emocionada. No podía creer que yo le hubiera pedido el autógrafo de su hija y dijo que a ella le encantaría firmar el
balón. Dos semanas después, volví a reunirme con ella y me
entregó el balón firmado. Yo había evitado incumplir con la
política de no recibir regalos y había hecho algo mucho mejor que llevarla a almorzar. Y, como bono, mi hija tenía una
nueva heroína a quién mirar".

Adam terminó ganando el contrato. Todavía tenía que
desarrollar una propuesta con soluciones reales para los problemas de la empresa de Cheryl y crear valor para ella. Pero
su gesto creativo y personalizado creó una fuerte conexión
con Cheryl, que le ayudó a obtener la información que necesitaba para su propuesta. Este acto de amabilidad, que costó
menos de $50, fue clave para que él obtuviera un bono de
más de $10.000. Funcionó, porque aprovechó el insaciable
deseo que tenemos los humanos de sentirnos importantes.
Cuando Adam le pidió a Cheryl el autógrafo de su hija, las
trató a ambas como si fueran celebridades. Esto creó una
profunda experiencia emocional positiva para Cheryl. Sin
duda, ella le contó la historia una y otra vez a sus amigos y
familiares. Y cada vez que lo hacía, se sentía más importante
y conectada con Adam.

Esta asombrosa historia sucedió porque Adam estaba escuchando y prestando atención a las pistas emocionales. Él

estaba sintonizado con su cliente potencial. Gracias a esto, descubrió la oportunidad de hacer un verdadero impacto en la vida de Cheryl, lo cual, al final, tuvo un impacto igual de importante en su vida.

Consejo de ventas. Notas escritas a mano (algo pequeño logra mucho)

Es la misma rutina. Tomas el correo en tu buzón y revisas cosa tras cosa, ves una y otra factura, tarjetas de crédito preaprobadas, y luego, en toda su gloria, lo tienes ante ti: el santo grial del correo postal, una nota escrita a mano. Es lo mejor. Letra cursiva en tinta azul, un nombre familiar en la parte superior izquierda y ¡una genuina estampilla del servicio postal de los Estados Unidos!

Sonríes con anticipación a medida que abres lentamente el sobre y sacas la tarjeta. Se siente muy bien. No puedes explicar por qué, pero así es. La tecnología y la velocidad de la comunicación del siglo veintiuno han hecho que las notas personales se conviertan en un arte en vía de extinción. Muchos tenemos que tomar tiempo para recordar cuándo fue la última vez que recibimos una. Pero hay buenas noticias. En nuestro mundo obsesionado por la tecnología, tu sencilla nota escrita a mano se destacará. Tus clientes te recordarán. Te asociarán con la agradable sensación que tuvieron al recibir tu nota entre su paquete de correo postal.

Las pequeñas cosas logran mucho. Por el costo de una estampilla, una tarjeta y cinco minutos de tu tiempo puedes crear una experiencia emocional positiva que será apreciada y recordada. Desarrolla el hábito de tener siempre contigo tarjetas y estampillas. Ponte la meta de enviar de tres a cinco notas escritas a mano todos los días. Las tarjetas de notas se deberían enviar dentro de las 24 horas siguientes a una reunión, o si estás agradeciendo la recepción de algo específico. Adquiere el hábito de enviar una nota de agradecimiento escrita a mano después de cada reunión con un cliente actual o potencial. Escribe la nota antes de tu próxima cita. Deja tus notas en la caja de correo al final del día. Ve a tu oficina de impresión local o usa un servicio de impresión en línea e imprime tarjetas con tu nombre. Usa buen papel y una fuente conservadora con tu nombre impreso en tinta negra. No olvides usar sobres que hagan juego con el estilo. Tus notas personalizadas darán a entender que recorres la milla extra en todo lo que haces. Crea un horario de correspondencia, asegurándote de llegar a tus clientes potenciales o actuales, a tus amigos y a tu red de contactos profesionales varias veces al año.

Si estás mirando tu horario, tu teléfono móvil, los 300 correos electrónicos que no has respondido, y el informe de ventas que debes entregarle a tu jefe, y piensas, "sí claro, ¡como si me sobrara tiempo para enviar notas por correo postal!", piénsalo bien. En el mercado competitivo de hoy, no puedes darte el lujo de ser como todos los demás. Las notas escritas a mano requieren esfuerzo extra y disciplina (y esa es la razón por la cual son pocas las personas que las envían). Sin embargo, con solo algo de esfuerzo adicional, las notas escritas a mano te ayudarán a crear conexión con clientes potenciales, a fortalecer tu red de negocios y a crear relaciones personales más sólidas.

Resumen

Si creas experiencias emocionales positivas para otros, tendrás la ventaja de la ley de reciprocidad, según la cual, cuando das algo de valor a otros, ellos sentirán la obligación de darte algo a ti. Cuando siempre estás generando gozo en las vidas de tus clientes potenciales, compradores, gerentes y colegas, y no esperas nada a cambio, creas vínculos y anclas emocionales. Esas anclas crean lealtad, lo cual, a su vez, resulta en nuevas ventas, referidos, retención y más negocios. Desarrollar un sistema de seguimiento y realizarlo, te ayudará a tomar acciones consistentes. Para descubrir oportunidades para dar experiencias emocionales positivas únicas a quienes te rodean, escucha con todos los sentidos en busca de pistas emocionales que revelen qué es lo más importante para ellos. Las experiencias emocionales positivas son más efectivas cuando son personalizadas para la persona que las recibe.

8

UNA MARCA LLAMADA TÚ

Los comerciantes suelen reunir clientes potenciales y actuales en salones con espejos falsos con el fin de probar percepciones de productos, servicios y marcas. Estos grupos de enfoque les ayudan a entender las percepciones emocionales de experiencia que sus clientes actuales y potenciales tienen con relación a sus marcas. Los datos que se obtienen en estos grupos de enfoque se usan para refinar o redefinir productos, servicios, mensajes, posicionamiento y publicidad.

Ahora, imagina esto. Hemos reunido en una sala a un grupo integrado por tus clientes actuales y potenciales, colegas y gerentes. Junto con el grupo, hay un moderador que hará preguntas diseñadas para descubrir las percepciones que ellos tienen de ti. Detrás de un espejo falso se encuentran analistas que tomarán notas de cada dato: las palabras que digan los integrantes del grupo y sus expresiones, tonos de voz y lenguaje corporal. Tú estás invitado como observador.

¿Qué dirían estas personas acerca de ti? ¿Qué sentimientos tendrán? ¿Cuál es su experiencia contigo? ¿Les pareces agradable? ¿Dirán que eres alguien que resuelve problemas? ¿Confían en ti? ¿Dirán que cuidas de ellos? ¿Te ven como un trabajador esforzado? ¿Les proporcionas valor o estás concentrado en obtener valor para ti? ¿Cómo te diferencias de tus competidores? ¿Te perciben como alguien diferente o igual? ¿Qué dirían ellos que debes refinar o cambiar? ¿Qué perciben como fortalezas en ti? Sobre todo, ¿cuál es la percepción que tienen de ti como persona? Para la mayoría de las personas, este ejercicio sería aterrador, o, al menos, una experiencia muy incómoda. Pocas personas disfrutarían de las críticas, así fueran muy constructivas, que pudieran surgir en un grupo de enfoque de esta índole.

Hace unos años, contraté una firma de las mejores firmas de entrenamiento en negocios para que me ayudaran a comprender cómo me perciben los demás a mí. Quería hacer cambios que mejoraran mi marca personal e hicieran crecer mi empresa. Ellos me asignaron como entrenadora una mujer con Ph.D. que era experta en comportamiento humano. Tenía años de experiencia entrenado a directores ejecutivos y personas en altos cargos de muchas compañías del listado Fortune 500. Lo primero que me pidió fue una lista de clientes, asociados de negocios y amigos. Luego, personalmente entrevistó a cada persona en esa lista y volvió con un informe que presentaba una imagen integral de cómo me percibían estas personas.

Cuando nos sentamos a revisar los datos que ella había re-
copilado, quedé aplastado. Aunque mi grupo de enfoque había dicho muchas cosas muy agradables sobre mí, también
identificaron rasgos y características que generaban percepciones negativas. Lo que me impacto fue lo ciego que había
sido a muchos de los comportamientos negativos y fallas en
mi carácter que ellos habían identificado. Es difícil describir
el impacto que este informe tuvo sobre mi autoestima. Dolió.
En esencia, en pocos minutos, el cimiento sobre el que creía
que descansaban las relaciones, se derrumbó. La brecha entre lo que creía que percibían de mí como persona y la realidad de lo que sentían hacia mí era tan grande que sentí que
no había forma de cerrarla.

Por fortuna, mi entrenadora era hábil ayudando a ejecutivos a cambiar, mejorar y, en algunos casos, reinventarse. Me
ayudó a ver los cambios que debía hacer. Me hizo entender
que cada persona tiene una marca personal y que eso tiene
un gran impacto en su éxito en los negocios. Durante los
meses siguientes, ella me ayudó a cambiar la forma como yo
interactuaba con los demás. Me enseñó a manejar mis relaciones interpersonales de tal manera que mejorara el valor
de mi marca. Fue un proceso minucioso, porque yo debía
hacer a un lado hábitos que habían estado muy arraigados
debido a años de repetición. Tuve que aprender nuevos comportamientos que me eran incómodos y embarazosos. Con
el tiempo, las percepciones cambiaron. Las entrevistas de seguimiento con mi grupo de enfoque indicaron que la forma
como los demás me veían (mi marca) había tenido una me-
joría dramática.

Este proceso doloroso y esclarecedor fue un punto decisivo
para mí. Me vi obligado a reconocer que mi educación, habilidades, talentos y logros no eran tan importantes como la

calidad de mis interacciones personales. Aprendí que debía ponerme en el lugar de mis clientes actuales y potenciales, mis colegas y de mis empleados. Tuve que verme y entenderme desde el punto de vista de ellos para poder mantener la integridad de mi marca personal y hacer ajustes frecuentes para asegurarme de que mantuviera su valor. Aprendí que el verdadero secreto para el éxito en los negocios es que la gente crea en ti.

"Una marca llamada tú"

En un brillante artículo que suele ser citado, "Una marca llamada tú", el gurú de la gerencia, Tom Peters defendió el caso de la marca personal: "No importa la edad, la posición o la empresa en la que estemos, todos debemos comprender la importancia de la marca. Somos directores ejecutivos de nuestras propias compañías: Yo Inc.

Para estar en los negocios hoy, nuestro trabajo más importante consiste en ser los principales promotores de la marca llamada Tú. Es así de simple, y también así de difícil. Y eso es inevitable".

En su libro, *Me 2.0 (Yo 2.0)*, el gurú de la creación de marca personal, Dan Schwabel, define la creación de marca personal como "... el proceso por el cual las personas se diferencian a sí mismas y se destacan entre la multitud, al identificar y articular su proposición de valor única, ya sea profesional o personal, y la aprovechan en diferentes plataformas con un mensaje y una imagen consistentes para alcanzar una meta específica. De esta manera, las personas pueden mejorar su reconocimiento como expertos en el campo, establecer reputación y credibilidad, desarrollar sus carreras y crear autoconfianza".

La definición simple de marca es el acto de diferenciar un bien, servicio o producto de otro a fin de crear una diferenciación en la mente del comprador: Nike vs. Adidas, Coca cola vs. Pepsi, Google vs. Yahoo!, Amazon vs. Barnes & Noble, Aspirina de Bayer vs. Aspirina de Walgreen.

Después de esta definición, la creación de marca personal es el acto de distinguirse a sí mismo entre los demás en la misma industria o campo al crear diferenciación en la mente del comprador, el cliente potencial, los colegas o el jefe. Como aprendí por medio de mi experiencia y según lo articula Tom Peters en su artículo, el concepto es sencillo, pero su implementación no lo es. Requiere concentración constante, autodisciplina y conciencia propia. Tu marca personal es la percepción que los demás tienen basándose en cómo te perciben a ti, según las experiencias reales que tienen contigo.

Tu marca personal es un proceso de valor que los clientes actuales y potenciales, colegas, empleados y jefes recibirán cuando inviertan tiempo contigo. En su libro *Get Back to Work Faster (Vuelve más rápido a trabajar)*, la autora de éxitos de librerías y gurú en ventas, Jill Konrath, hace defensa de esto afirmando que todos debemos tener una propuesta de valor que los demás puedan percibir como un valor tangible para sus negocios. Tu marca personal es poderosa al tratar con otros, porque reemplaza las preocupaciones respecto a asuntos lógicos (precio, términos y condiciones, tiempos de entrega, calidad o experiencia) con la decisión emocional de hacer negocios contigo basados en la certeza de que tú y solo tú puedes dar una verdadera solución a sus problemas. Esta conexión emocional con tu marca te catapultará a las posiciones más altas de tu industria.

Cómo construir una marca personal

Existe esta percepción errónea: para construir una marca personal, debes hacer que los demás entiendan por qué deberías ser valorado. Quizás recuerdes este principio mencionado antes en este libro: "a la gente le gusta comprar, pero odian que les vendan". La construcción de una sólida marca personal se logra primero mediante acciones. Se trata de lo que haces más de lo que dices. Con el tiempo, esto forma las percepciones de las personas con quienes haces negocios, y, sobre todo, genera *fidelidad de marca*. Cada interacción con los demás, te da la oportunidad de diferenciarte. Esto da forma y refuerza la percepción de que hacer negocios contigo tiene un valor único. Todo lo que haces y dejas de hacer, sea mucho o poco, bueno o malo, es evaluado y el impacto acumulado de esas acciones determina la percepción que los demás tengan sobre la marca llamada Tú.

Pero las solas acciones no son suficientes. La marca personal también requiere que inviertas en el proceso constante de manejar tu reputación y credibilidad. Esto hace que quienes no tienen una experiencia directa contigo como para tener una percepción positiva antes de conocerte, y quienes sí han tenido una experiencia contigo reciban un mensaje consistente (experiencias emocionales positivas) que refuerce la idea que tienen respecto a que tú sí aportas valor como solucionador de problemas.

No es nada diferente a crear la marca de un producto o servicio, debes desarrollar mensajes, posicionamiento y empaques consistentes que te permitan controlar cómo te perciben los demás. En el mundo de hoy, esto significa investigar tu presencia en línea, así como la física.

Este capítulo está diseñado para darte las herramientas básicas que necesitas para crear y administrar la marca llamada Tú. Como siempre, mi meta es mantener las cosas simples y que sean de fácil ejecución.

Relaciones interpersonales

Como lo expliqué en el relato inicial, la calidad de tus relaciones interpersonales siempre tendrá el mayor impacto en tu marca personal. Imagina a un agente de bienes raíces que invierte miles de dólares en publicidad. Pone su cara en vallas publicitarias, en bancas de paradas de autobús y en revistas de bienes raíces. Quizás cree consciencia al punto de que su teléfono comienza a sonar; pero si es una persona pedante, egocéntrica y desagradable que no puede crear conexión, no tardará mucho tiempo en que su reputación se vea afectada. La reputación voz a voz es más poderosa que las vallas publicitarias.

En los últimos cinco capítulos, descubriste las cinco palancas de *La gente compra por usted*. Estas cinco palancas son las herramientas más poderosas que tienes en tu caja de herramientas de creación de marca. Sé honesto contigo mismo. Considera las relaciones e interacciones recientes que has tenido con otras personas. Piénsalo. ¿Cómo te perciben?

¿La marca Tú es agradable?

¿Sonríes, eres de buen ánimo y eres amable de manera consistente? ¿Cómo son tus modales? ¿La gente te percibe como alguien entusiasta, optimista, seguro y auténtico?

¿Creas conexión?

¿A la gente le gusta estar contigo porque los haces sentir importantes? ¿Tienes un interés genuino en los demás? ¿Das toda tu atención y escuchas con todos los sentidos ¿La gente se siente escuchada contigo?

¿Eres alguien que resuelve problemas?

¿Proporcionas valor primero al concentrarte consistentemente en los demás y en resolver sus problemas? ¿Resuelves problemas así no obtengas un beneficio? ¿Tus clientes son fieles a ti porque resuelves sus problemas de manera consistente? ¿La gente siente que de verdad deseas ayudarles a obtener lo que desean, no porque es lo mejor para ti, sino porque es lo mejor para ellos?

¿Eres confiable?

¿Haces lo que dijiste que ibas a hacer? ¿Se puede contar contigo? ¿No tienes problema en admitir cuando te has equivocado o has cometido errores, y ofreces disculpas? ¿Los demás sienten que cumples tus promesas?

¿Creas experiencias emocionales positivas?

¿Tomas tiempo y te esfuerzas para hacer sentir bien a otros? ¿Siempre piensas en cómo puedes brindar gozo a las vidas de tus clientes actuales y potenciales, jefes y colegas? ¿La gente desea verse contigo? ¿Los demás se sienten anclados a ti?

Sé que no es fácil considerar esto. Si tú y las personas que conoces pudieran responder "sí" de manera inequívoca a estas preguntas, serías imparable. Sin embargo, la realidad es que no eres perfecto. Nunca podrás responder "sí" a todas estas preguntas todo el tiempo. Es más importante que entiendas con claridad y comprendas bien que, en cada interacción con otra persona, tienes la oportunidad de mejorar o afectar el valor de tu marca personal. Si lo consideras en ese contexto, las preguntas te ayudarán a corregirte cuando te veas en situaciones que puedan afectar tu marca. Eso, en sí mismo, te dará una ventaja competitiva que pocos podrán igualar.

Administra las etiquetas

Una de las maneras como nuestro cerebro le da sentido al mundo que nos rodea es asignando etiquetas a las personas y las cosas. Cuando se trata de personas, las etiquetas nos ayudan a darle sentido a comportamientos intangibles que observamos. Las etiquetas pueden ser buenas o malas. También se pegan y tienen la capacidad de influir en otros que quizás no hayan observado directamente los mismos comportamientos. Mary llega tarde al trabajo varios días seguidos, y el jefe la cataloga como perezosa. En una reunión con otros directivos, les dice que ella es perezosa. En esa reunión se encuentra presente un gerente que ha estado considerando promover a Mary a su departamento, así que concluye que ya no es una buena idea. Mary llegó tarde no porque fuera perezosa, sino porque su hijo de 4 años tenía varicela y tuvo que buscar a alguien que cuidara de él antes de poder llegar al trabajo. Esta etiqueta, ya sea correcta o errada, ha afectado la marca personal de Mary. ¿Te parece absurdo? Piénsalo bien. Sucede todo el tiempo.

Etiquetas a las personas y las personas te etiquetan a ti. Las palabras que los demás usan para describirte afectan cómo te perciben. ¿Eres consciente de la percepción que los demás tienen de ti? ¿Dicen que eres trabajador, honesto, inteligente? ¿Te catalogan como alguien listo, un buen líder, leal? ¿O dicen que eres perezoso, arrogante o que hablas mucho? En algunos casos, sin importar lo que hagas, la gente te etiquetará de manera negativa. Además, es poco probable que puedas conocer todas las etiquetas que la gente te pone. Proteger tu marca significa controlar las cosas que están bajo tu control. Esto implica tener control sobre los comportamientos que dejas ver a los demás. Esto lo he dicho muchas veces: en los negocios, tú estás en el escenario. Cada movimiento que haces está bajo la observación y escrutinio de otros. Tu responsabilidad es desarrollar la autodisciplina para controlar los comportamientos que ayudan a construir tu marca. Por ejemplo, si quieres ser percibido como un jugador de equipo, entonces sirve como voluntario para proyectos y haz trabajo adicional que beneficie al equipo y al jefe. Si quieres que tu marca diga: "él tiene un compromiso con la excelencia", recorre la milla extra en todo lo que hagas. Si quieres ser conocido como alguien en quien se puede confiar, entonces nunca hagas compromisos que no puedes cumplir, y mantén tus promesas.

A veces te darán una etiqueta negativa injustamente. Si eso sucede, haz todos los esfuerzos posibles para hablar con la persona que te está dando una etiqueta negativa. Sin confrontar, pide la oportunidad de cambiar su opinión. Esto se hace mejor siendo humilde y en un lugar neutral, como un café.

Esta táctica suele funcionar, porque así te muestras como un ser humano auténtico, y la mayoría de las personas estarán dispuestas a darte una segunda oportunidad. Es probable, que en algún momento, bajes la guardia y te comportes de una manera diferente a como quieres ser percibido. Cuando esto suceda, ofrece tus sinceras disculpas y no dejes que vuelva a suceder. Si has sido consistente en tu comportamiento, la mayoría de las personas olvidarán un simple desliz. Pero si repites el comportamiento, quizás causes un daño irreparable sobre tu marca.

Cuida tu imagen profesional

Además de cuidar las percepciones interpersonales y de comportamiento que los demás tienen de ti, es importante controlar cómo te ven como profesional de negocios. Esto incluye cosas obvias tales como tu apariencia física. Tu manera de vestir, el tipo de auto que conduces, el orden en tu oficina, los clubes y organizaciones a los que perteneces, tu trasfondo educativo y las personas con quienes te asocias aportará a esa percepción. Como mi intención con este libro no es tratar cosas tales como tu manera de vestir para hacer negocios, te recomiendo comprar y leer libros actuales sobre vestuario profesional y etiqueta. Así pienses que lo sabes todo, creo que esta información te ayudará a ver las cosas con más detalle.

Más allá de la apariencia externa, las oportunidades que más se suelen pasar por alto para reforzar la imagen profesional, son las de posicionarte como un experto y construir y mantener una presencia en línea activa y muy bien presentada.

Sé un experto

Una de las características principales de la mayoría de los triunfadores es que se esfuerzan por ser expertos en sus campos. Cuando te vuelves experto en los productos, servicios y procesos de tu compañía, las demás personas en tu organización buscarán tu ayuda. Esto fortalece aún más tu marca. Cuando llegues a ser un experto en tu industria, las asociaciones de comercio y grupos industriales te buscarán. Cuando te vuelvas un experto en tu campo, serás un mejor solucionador de problemas y tus clientes te buscarán como consultor. En todos los casos, como experto, tendrás una y otra vez oportunidades de ayudar a otros a obtener lo que desean (solucionar problemas), lo que a su vez te ayudará a construir una poderosa marca personal.

Llegar a ser un experto es mucho más fácil de lo que crees. En primer lugar, debes estudiar y absorber todo en cuanto al tema en cuestión. En segundo lugar, debes hacer que otros te presenten como un experto ante los demás.

Aprende

Todo lo que necesitas saber para ser un experto en tu campo o industria, o los productos o servicios de tu compañía, ya está escrito, grabado o está en un manual de entrenamiento. Lo único que debes hacer es comprometerte a aprender. Cuando hagas el compromiso de aprender un poco cada día, te asombrará cuánto puedes absorber en un corto periodo de tiempo.

Lee 15 minutos al día

Los altos ejecutivos suelen leer más de 20 libros al año. Estas personas super éxitosos entienden muy bien el poder de la lectura. Así que considera esto: un lector promedio tarda tres horas en leer un libro típico de negocios. Cuando separes solo 15 minutos al día para lectura profesional, fácilmente leerás más de 20 libros al año. Con lectores de libros electrónicos tales como Kindle de Amazon y nook de Barnes and Noble, tienes la posibilidad de llevar contigo docenas de libros en un paquete liviano, y esto facilita que te pongas al día con tus lecturas profesionales en cualquier momento. Todo lo que debes saber sobre algún tema está contenido en un libro. Si quieres aprender o hacerte experto en algo, lo que debes hacer es leer y estudiar.

Aprovecha el entrenamiento gratuito

En la actualidad, la mayoría de las compañías ofrecen grandes cantidades de entrenamiento gratis. Con la ventaja de los sistemas de gestión de aprendizaje (LMS, por su sigla en inglés), hay una gran cantidad de entrenamiento disponible en línea y por demanda. Este entrenamiento gratuito es un gran beneficio, porque te da la oportunidad de salir del campo para aprender nuevos conceptos y practicar nuevas habilidades. A lo largo de un año, estos programas pueden sumar miles de dólares en entrenamiento gratis.

Permanece actualizado en tu campo y asiste a seminarios

Para ser considerado un experto en tu industria, debes mantenerte vigente. Suscríbete a, y lee, las revistas de comercio de tu industria, y ve a eventos y seminarios de esta. Hay expertos en ventas, negocios y liderazgo que realizan seminarios y dan conferencias en prácticamente todas las ciudades. Para muchos, es imposible separar tiempo en sus ocupadas agendas para asistir a esos eventos, pero la realidad es que no puedes darte el lujo de no ir. Algunas de las mentes más brillantes en los negocios están dando una charla en tu ciudad hoy. Están hablando a grupos cívicos, en cámaras de comercio o realizando seminarios por su propia cuenta.

Apaga la radio

El profesional de ventas promedio que trabaja fuera de la oficina pasa de 10 a 20 horas semanales en un auto. Como mínimo, tienes de 30 minutos a una hora al día de tiempo para movilizarte. En lugar de desperdiciar ese tiempo escuchando radio hablada y música, escucha libros en audio y programas diseñados para mejorar tus ventas y habilidades de negocios. El gran Zig Ziglar denomina esto como la "Universidad del Automóvil". Zig afirma que, con solo escuchar programas de audio en tu auto, puedes ganar el equivalente a tener educación universitaria.

Aprovecha la tecnología

La gran cantidad de contenido gratuito disponible en internet para los profesionales de negocios no tiene precedente. Tan solo una década atrás habrías tenido que invertir miles de dólares para tener acceso a una pequeña porción de información que en la actualidad es gratuita. Con solo unas pulsaciones de ratón, tienes acceso inmediato a una lista increíble de expertos y líderes de pensamiento. Desde programas en audio, hasta videos, blogs y revistas electrónicas, todo está al alcance de tus dedos.

Crea tu reputación de experto

¿Cómo los expertos llegan a ser percibidos como tales? Ellos demuestran que son expertos en su campo al escribir, hablar, enseñar y dar entrenamiento. Con el paso del tiempo, su reputación crece junto con su portafolio de trabajo. Es importante comprender que no se trata de saber más o ser el mejor, sino que se trata de tener el valor de aprender y demostrar lo que conoces al servir a otros. Cuando sirves como voluntario dando una charla en una reunión de ventas u otros eventos, liderando entrenamientos, entrenando y escribiendo artículos, estás haciendo crecer tu portafolio de trabajo.

Enseña y entrena

Si lo piensas bien, las personas que más admiramos y consideramos expertos, son maestros, capacitadores y entrenadores. Estas personas usan lo que han aprendido para impulsar a otros. Hay infinidad de oportunidades para enseñar y entrenar a otros en entornos informales y estructurados. El mejor lugar para iniciar es siendo voluntario liderando una sesión de entrenamiento en tu siguiente reunión de ventas o de equipo, u ofrecer tus servicios como entrenador en los cursos de entrenamiento de tu compañía. Así mismo, también puedes encontrar oportunidades de enseñar en eventos de asociaciones de comercio. Si te haces experto en temas técnicos, esto puede llevarte a oportunidades de entrenamiento en eventos con clientes. Una de las mejores maneras de construir tu reputación como experto es siendo mentor voluntario con nuevos empleados, colegas en reclutamiento y con personas menos experimentadas. Ellos no solo sentirán lealtad hacia ti para ayudarte, sino que les hablarán a otros y dirán que tú sabes lo que haces.

Habla

Además de ser un medio excelente para generar nuevos contactos de negocios, dar charlas es un método poderoso para aumentar tu portafolio de trabajo como experto. Cuando hablas en público y lo haces bien, la gente en tu audiencia te etiquetará de inmediato como un experto. Dar charlas te permite mostrar tus conocimientos. También te da mucha visibilidad y credibilidad. Crea la percepción de que eres un experto y tienes autoridad en tu campo, y proporciona un constante flujo de potenciales negocios que llegan casi sin mayor esfuerzo. Como pocos son los competidores que lo hacen, eso te hará sobresalir.

En realidad, es fácil obtener compromisos de charlas. Comienza dentro de tu propia compañía. Ofrécete a dar una charla en reuniones de equipo o eventos de entrenamiento.

También encontrarás que organizaciones tales como la asociación de comercio de tu industria, la cámara de comercio, el club rotario y otros grupos cívicos y de negocios siempre necesitan oradores invitados. Todo lo que debes hacer es llamar y ofrecerte como voluntario, y ellos con gusto te incluirán en la agenda. Si asistes a muestras comerciales y reuniones de asociaciones, solo llama a los planeadores de la reunión y diles que te gustaría ser orador u ofrece un seminario. Los planeadores de reuniones siempre están buscando expertos en temas para añadir valor a sus programas.

Escribe

Los expertos escriben. Escriben artículos, blogs y opiniones. (Las personas que se ganan la vida como expertos escriben libros). Aunque escribir un libro puede parecer muy elevado para el profesional de negocios promedio, deberías escribir artículos y blogs con frecuencia. De nuevo, las oportunidades abundan. Prácticamente cada publicación escrita necesita contenido. Comienza con los boletines de tu compañía. Llama al editor y sirve como voluntario escribiendo un artículo. Busca a las organizaciones de comercio de tu industria y sé voluntario escribiendo para las publicaciones, los boletines o el sitio de internet de la asociación de comercio. Sin duda, recibirán con gusto tus aportes.

Una de las mejores maneras de mostrar tus conocimientos profesionales es con un blog. Lo que lo hace ideal es que tú tienes el control. No estás a la merced de los editores, así que puedes escribir cuando, donde y lo que quieras. Los blogs son fáciles de crear y económicos. WordPress, Typepad, y Blogger son opciones gratuitas o de bajo costo para blogueros.

¿Sobre qué deberías escribir? Escribe sobre temas que sean relevantes y oportunos para las personas en tu industria y en las industrias de tus clientes. Escribe sobre cosas que sepas. Escribe sobre cosas que te apasionen. Cuanto más escribas, mejor te irá. Con el tiempo, tu portafolio de trabajo se expandirá, y otros citarán y referenciarán tus artículos. Tu reputación de experto se afianzará.

Gestiona tu presencia en línea

Colin colgó el teléfono y se quedó meneando la cabeza. Había movido influencias para lograr que su hijo Perry obtuviera una entrevista en una de las firmas de contadores más respetadas del país. Con una maestría de una de las mejores escuelas de negocios, y sus conexiones, Perry debía tener el éxito asegurado. Entonces, recibió la llamada. Antes de enviar la carta de ofrecimiento, el gerente de contratación hizo una búsqueda en Google del nombre de su hijo y encontró imágenes de él inhalando marihuana con una pipeta en una fiesta universitaria. Las fotografías habían sido tomadas cinco años atrás y otra persona las había publicado y etiquetado. Pero la marca personal del hijo de Colin sufrió un fuerte golpe y la oferta fue retirada, el juego había terminado.

Vivimos en la era de la transparencia. Cualquier persona, en cualquier lugar y momento, puede crearse una imagen de ti con solo una búsqueda en internet. Tus jefes, colegas, clientes potenciales y personas que conoces *están* revisando en línea quién eres. Los clientes potenciales y compradores listos investigan quién eres antes de reunirse contigo. ¿Qué encuentran cuando te buscan en Google?

Tu presencia en línea juega un papel crucial en la construcción de la marca Tú. Si lo ignoras, será para tu propio mal. Debes controlar lo que la gente encuentra cuando te busca en la internet. Sí, hay cosas que no puedes controlar, como se ilustra en el caso de Perry. Tienes amigos, familiares y excompañeros de universidad que no consideran las consecuencias cuando publican imágenes tuyas haciendo tonterías. La belleza de los motores de búsqueda es que puedes enterrar esas imágenes perjudiciales bajo las páginas que quieres que la gente encuentre. Todo lo que debes hacer es controlar las dos o tres primeras páginas en Google. Hay pocas probabilidades de que alguien busque más allá de la página dos. Estudios recientes han demostrado que menos del ocho por ciento de las personas pasan más allá de la tercera página. Pero ¿qué si no tienes presencia en línea? Durante mucho tiempo has evitado escribir algo en línea, unirte a redes sociales, o ser mencionado en algo. Eres una pizarra en blanco. Eso es bueno ¿verdad? Falso. Cuando la gente no puede encontrar nada de ti, se pierde la oportunidad de crear tu marca personal.

Gestionar tu marca en línea no es difícil pero sí requiere vigilancia

Crea una página de internet personal o un blog

Todo profesional debería organizar un sitio de internet personal, un blog o ambos. Cuando sea posible, haz que tu nombre (o derivado de tu nombre) sea el dominio. Incluye una biografía, logros, educación, certificados, una foto profesional y artículos que hayas escrito. También sería bueno incluir enlaces a otros sitios profesionales y expertos de tu industria y/o fuentes de aprendizaje que recomiendes. Mi sugerencia es que uses un blog en lugar de una página de internet sola. Es más fácil trabajar con blogs y son más flexibles. No importa lo que elijas, asegúrate de que sea profesional y que arroje la mejor luz sobre la marca Tú.

LinkedIn

Voy a romper el protocolo para decir que LinkedIn es la herramienta para redes de negocios más importante de la historia. No tiene paralelo como motor de búsqueda para profesionales. LinkedIn es uno de los primeros lugares donde otros profesionales te van a buscar. Es una valiosa herramienta con múltiples usos para profesionales de negocios. Para construir tu marca, concéntrate en la página de tu perfil. Si no tienes una cuenta en LinkedIn, te recomiendo abrir una ahora. Cuando la tengas, organiza tu perfil. Ésta debe incluir una corta biografía, tu portafolio de trabajo, educación y tu foto. Asegúrate de que tu perfil refleje la imagen profesional que quieres mostrar. Habilita la opción para dejar que tu perfil sea visible para los motores de búsqueda. De esta manera, cuando alguien use los motores de búsqueda para encontrar información acerca de ti, tu perfil de LinkedIn estará entre las primeras cosas que encontrarán.

Redes sociales

Otros sitios de redes sociales tales como Facebook. SalesGravy.com, Plaxo y Twitter te dan la oportunidad de crear un perfil profesional que se pueda encontrar fácilmente con una búsqueda en línea. En esto funciona el mismo proceso. Asegúrate de que tus perfiles nuevos y actuales sean profesionales y muestren la marca que deseas construir.

Mercadeo de artículos

Como escribir es esencial para que te perciban como experto, debes publicar artículos en línea. Cuando los hayas publicado, también deben ser los primeros resultados cuando la gente te busque en línea. ¿Dónde deberías publicar? Busca blogs de la industria que acepten blogueros invitados, el sitio de internet de tu asociación de comercio y agregadores de contenido que te permitan crear un perfil profesional y publicar artículos. Hay varios cientos de sitios de artículos en internet que aceptan aportes. Estos sitios siempre desean contenido nuevo. Muchos son sitios especializados tales como SalesGravy.com que se desarrollan en torno a temas particulares de negocios, mientras otros como eZineArticles.com son sitios generales que aceptan una amplia variedad de artículos.

Google Alerts

Google tiene una excelente herramienta llamada Google Alerts la cual ha sido diseñada para vigilar lo que otros dicen acerca de ti en internet. Es gratuita y fácil de programar. Ingresa a http:// www.google.com/alerts.

Al gestionar tu presencia en línea, recuerda que Roma no se construyó en un día. Te tomará meses, e incluso años construir un portafolio de trabajo en línea. Pero, es de suprema importancia que comiences. No dejes que la búsqueda de clientes te abrume. Haz un poco cada día, y, poco a poco, tu presencia en línea se convertirá en una piedra angular de tu marca.

Atácate a ti mismo

Con el tiempo, el trabajo duro y el esfuerzo que has hecho desarrollando tus habilidades para que *la gente te compre* y construyendo la marca Tú, darán su rendimiento. Sus logros se acumularán. Tu red profesional crecerá. Recibirás promociones, cerrarás grandes tratos y ganarás premios. Podrás disfrutar de viajes como recompensa por ser el mejor. Tendrás reconocimiento y te respetarán por ser un experto. Tus clientes te amarán. Prosperarás, y nada se siente mejor que ser un ganador. Cuando recibas ese gran bono por ventas, cuando estés relajándote en la playa o pases al escenario en la reunión nacional de ventas para recibir un gran trofeo, hazte esta pregunta: "¿Qué sigue ahora?".

Llegar a ese punto fue difícil. Exigió perseverancia, entrenamiento, trabajo duro y concentración. Pero es natural que, cuando comiences a ganar, quieras retirar el pie del acelerador del éxito y disfrutar del viaje por un tiempo. Si nos relajamos por mucho tiempo en la cima de la victoria, bajamos la guardia y olvidamos que el juego no ha terminado. Dejamos que vuelvan a surgir viejos hábitos. No dejes la puerta abierta para que entre el fracaso.

Una vez, vi en una revista la publicidad de una compañía que hacía alarde de un premio que acababa de recibir. El anunció decía así:

"Cuando estés en segundo lugar, ataca al líder. Cuando estés en primer lugar, atácate a ti mismo".

¡Qué mensaje tan bueno! En el siglo veintiuno, no hay tiempo para la autocomplacencia. No puedes darte el lujo de relajarte ni siquiera por un momento. No hay tiempo para descansar. Aprende a tomar con calma cada triunfo y eleva tu propia barra para seguir apuntando más alto. Es fácil recordar un mal desempeño o un fracaso cuando se tiene visión 20/20, y ver las áreas en donde se puede mejorar. Pero se necesita mucha autodisciplina y el corazón de un ganador para desglosar un gran desempeño y luego actuar para hacer los pequeños ajustes y mejoras que te mantendrán en la delantera. El gran jugador de la NFL, Steve Young dijo en una ocasión que "el principio es competir contra ti mismo. Se trata de ser mejor que ayer".

Los verdaderos ganadores se atacan a sí mismos. Dividen cada desempeño y buscan cómo mejorar. Lo que diferencia a los buenos de los grandes es la concentración inquebrantable que mantienen en el mejoramiento continuo. Nunca olvides que, en los negocios, el arma más poderosa en tu arsenal eres tú. Se necesita vigilancia constante para ser agradable, crear conexión, resolver problemas, ser confiable y crear experiencias emocionales positivas para otros. La gente no compra palabras, campañas de mercadeo, publicidad, presentaciones de ventas, productos, servicios o atractivas presentaciones. No. **La gente compra por usted.**

NOTAS

NOTAS

www.ingramcontent.com/pod-product-compliance
Lightning Source LLC
Chambersburg PA
CBHW031852200326
41597CB00012B/381